ON SE FAIT LA BISE ?

MARK McCRUM

ON SE FAIT LA BISE ?

Le guide international des bonnes manières

Traduit de l'anglais (Grande-Bretagne)
par Laurent Bury

SEUIL

Titre original : *Going Dutch in Beijing*
The International Guide to Doing the Right Thing

Profile Books, Londres, 2007

ISBN original : 978-1-86197-862-2

© Mark McCrum, 2007

ISBN : 978-2-02-097498-1

© Éditions du Seuil, mai 2008, pour la traduction française

Le Code de la propriété intellectuelle interdit les copies ou reproductions destinées à une utilisation collective. Toute représentation ou reproduction intégrale ou partielle faite par quelque procédé que ce soit, sans le consentement de l'auteur ou de ses ayants cause, est illicite et constitue une contrefaçon sanctionnée par les articles L. 335-2 et suivants du Code de la propriété intellectuelle.

www.seuil.com

Introduction

Il y a quelques années, une enquête fut réalisée à l'échelle planétaire par les Nations unies. Elle se réduisait à une seule question : « Pourriez-vous, s'il vous plaît, nous donner votre opinion sincère sur les solutions à adopter afin de mettre fin à la pénurie de nourriture dans le reste du monde ? »

L'enquête fut un échec. En Afrique, on ignorait le sens du mot « nourriture » ; en Inde, on ignorait le sens du mot « sincère » ; en Europe, on ignorait le sens du mot « pénurie » ; en Chine, on ignorait le sens du mot « opinion » ; au Moyen-Orient, on ignorait le sens du mot « solution » ; en Amérique du Sud, on ignorait le sens des mots « s'il vous plaît » ; aux États-Unis, on ignorait le sens de l'expression « reste du monde ».

Cette plaisanterie, lancée sur Internet par un ancien membre de l'ONU, met en lumière un problème central de notre planète, dont il est devenu si facile de faire le tour à l'heure de la haute technologie. Aujourd'hui, une femme de Lettonie peut communiquer en une seconde avec un homme de Patagonie, puis aller le rejoindre en vingt-quatre heures si elle en a les moyens financiers. Pourtant les mœurs locales et les mentalités séculaires restent profondément enracinées. Les risques de gaffes gênantes ou même de scandales se multiplient donc.

Certains impairs interculturels n'ont qu'une portée limitée. Le Finnois équitable qui exige de partager la note dans un restaurant à Pékin en sera dissuadé par ses collègues chinois ; le Japonais poli qui apporte un grand cru à un dîner parisien ne s'expose guère qu'à un sourcil goguenard ; la Californienne qui met un superbe collier indigène pour sortir le soir au Togo s'attirera tout au plus des ricanements. D'autres erreurs sont autrement plus problématiques. L'homme d'affaires américain qui se présente à un rendez-vous en Arabie Saoudite avec une cravate ornée de cochons roses risque fort de perdre son contrat. De même, l'Anglais qui lève gaiement le pouce à l'adresse d'un autre automobiliste en Iran ne devra pas s'étonner de se retrouver précipité dans le fossé au carrefour suivant.

Certaines différences sont inscrites dans les gènes. Vous aurez beau répéter à un Britannique ou à un Suédois que faire la queue est considéré comme une perte de temps en Italie, en Chine ou au Moyen-Orient, leur ADN culturel n'en stipulera pas moins qu'il est immoral de ne pas avoir la courtoisie élémentaire d'attendre son tour. Un Allemand qui fait antichambre depuis une heure et demie au Brésil aura du mal à ne pas voir un affront personnel dans ce manque de ponctualité.

D'un bout à l'autre de la planète, la mondialisation en marche se heurte à ce genre de malentendus sur l'importance des délais, le respect dû aux règles et contrats, la préférence accordée à la famille plutôt qu'aux étrangers, l'équilibre entre vie professionnelle et vie privée. Pas moyen d'échapper à ces variations dans le comportement, vieilles de plusieurs siècles et aussi enracinées dans le cadre local que la flore et la faune autochtones.

L'intensification des voyages et des migrations transforme tout, bien sûr, sans parler de l'énorme influence transculturelle du cinéma et de la télévision. Au Japon, les gens montrent du doigt et se fixent des yeux comme jamais auparavant ; les nouveaux Russes accueillent par un gloussement ironique les critiques à l'encontre des *nyekulturny* (grossiers personnages) ; au Moyen-Orient, des jeunes femmes portent sous leurs *abaya* des tenues qui ne dépareraient pas dans une boîte de nuit. Mais en ce qui concerne la culture sous-jacente, nous ne vivons pas encore à l'heure du « village planétaire », contrairement à ce que de beaux esprits voudraient nous faire croire. Même si la plupart des Asiatiques sont maintenant habitués à la poignée de main occidentale, même si les hommes d'affaires américains les plus avisés ont appris qu'en Chine il ne faut rien précipiter, il est encore possible d'offenser un automobiliste grec par un geste incongru de la main ou de mettre des Japonais dans l'embarras en marchant sur le *genkan* avec des chaussettes aux pieds.

Ce livre porte un regard amusé sur les principales zones de malentendus possibles, du premier salut jusqu'aux derniers adieux. Gestes, conversation, vêtements, cadeaux, façons de trinquer ou de manger : autant de moyens faciles d'offenser autrui ou d'être vous-même offensé. Après avoir étudié les modes de pensée qui peuvent intriguer ou perturber l'observateur extérieur (la nécessité de sauver la face en Asie, l'importance du *bakchich* en Afrique du Nord), j'aborde les différences culturelles qui risquent de compromettre un voyage d'affaires, avant d'envisager ce qui peut résulter d'un séjour plus long : rendez-vous galant, relation amoureuse et même mariage. Même si vous n'êtes pas directement concerné, vous pouvez être invité à une noce : que pourriez-vous alors faire de pire que mettre 40 000 yens dans les *shugibukuro* ? Je ne vous souhaite pas de tomber malade en voyage, ni d'être le compagnon de quelqu'un dans cette situation, mais je n'ai pu résister au plaisir d'inclure quelques comportements et rites liés à la maladie, ainsi qu'un aperçu des systèmes de croyance dans ce domaine.

J'espère sincèrement que, lorsque vous en serez au chapitre des adieux, vous ne regarderez plus de travers ce Japonais qui contemple vos chaussures en vous serrant la main ou qui garde les yeux fermés pendant toute votre rencontre, que vous ne vous indignerez plus de ne jamais entendre cet Africain dire « s'il vous plaît » ou « merci ». De même, j'espère qu'en Chine vous vous abstiendrez de tout geste extravagant, qu'en Russie vous enlèverez votre manteau si vous allez au théâtre et qu'en Iran vous ne donnerez jamais la main à la personne qui vous accompagne (sauf si vous êtes du même sexe). Et que si vous êtes invité à un repas à 20 heures, vous vous présenterez à l'heure exacte à Cologne, mais pas avant 21 heures à Caracas ; que vous laisserez un peu de nourriture dans votre assiette au Caire mais jamais à San Salvador.

Bien sûr, les indigènes ont l'habitude de beaucoup pardonner aux étrangers. Il suffit d'un sourire et d'un abord chaleureux pour faire des miracles partout dans le monde. La sincérité et le désir de découvrir une culture vous entraîneront plus loin que le respect rigide d'une liste de choses à faire et à ne pas faire. Mais il vaut sans doute mieux être conscient des dangers, savoir quand on appréciera (ou non) vos efforts piteux pour parler la langue locale, même s'il ne s'agit pas de prononcer *skål* correctement ou de manier les baguettes à la perfection.

Je sais bien que beaucoup de mes observations sur les autres cultures sont forcément des généralités qui ne tiennent absolument pas compte du Californien modeste, du Japonais braillard, du Saoudien féministe, du Brésilien ponctuel et de l'Australien snob (espèce dont j'ai eu le plaisir de rencontrer au moins trois spécimens). Mais, comme vous le diront tous ceux qui voyagent, les remarques les plus schématiques sont parfois vraies : par exemple, si un Anglais se cogne contre vous, il vous dira pardon.

Bientôt, c'est sûr, nous vivrons tous dans un monde qui sera l'équivalent planétaire d'une rue commerçante britannique : uniforme, grisâtre, sans trait saillant. Ce livre servira alors de curieux rappel d'un temps révolu. En attendant, notre planète reste un lieu extraordinaire, plein de comportements étrangement variés dont je ne prétends offrir qu'un aperçu des plus modestes.

Comme on dit en Corée du Sud : 즐기십시오* !

---

* « Amusez-vous bien ! »

Note sur l'orthographe

Lorsqu'il m'a fallu choisir entre différentes graphies possibles pour les termes étrangers, j'ai généralement opté pour la version la plus courante dans le pays dont il est question. Cependant, surtout dans les cas de translittération à partir d'autres alphabets, il existe rarement une seule forme «correcte». Le salut de base en arabe, *Assalamu alaykum* («La paix soit avec vous»), peut également s'écrire *Salaam alaikum*, *Salamu aleiko* (en Égypte) ou *Selâm aleyküm* (en Turquie), pour n'indiquer que trois variantes; le toast russe *Na zdarovie* devient *Na zdrowie* en polonais, *Na zdrave* en bulgare, *Na zdraví* en tchèque, *Na zdravie* en slovaque et *U zdravlje* en serbe.

Si vous voulez me faire part de vos corrections ou de vos suggestions, vous pouvez me contacter sur Internet à l'adresse suivante: http://www.goingdutchinbeijing.blogspot.com.

Remerciements

Pour rédiger ce livre, j'ai consulté (entre autres) les ouvrages figurant dans la bibliographie et je remercie leurs auteurs pour toutes les observations qui sont venues compléter les miennes. De même, je suis reconnaissant envers tous ceux qui ont répondu à mes interminables questions dans divers forums interculturels sur Internet. Bien entendu, je remercie aussi tous les gens charmants qui, depuis des années, tolèrent mes faux pas, du Zoulouland à Santiago. Je dois également citer ceux qui m'ont inspiré, qui ont vérifié pour moi certains détails, qui m'ont offert leurs suggestions et bien d'autres choses : Amir Amirani, Stephen Barber, Naomi Gryn, Benedict Flynn, Dave Ho, Daniela Krautsack, Georgina Laycock, Parish Parmar, Alice Mogwe, Kimiko Pulsford, G. T., Mike Tsang et Jan Van Maanan.

Comme toujours, je remercie mon agent Mark Lucas pour ses négociations et ses conseils en matière de vin, mon éditeur Daniel Crewe pour ses encouragements et son travail méticuleux sur le manuscrit, les secrétaires éditoriaux Matthew Taylor et Trevor Horwood, ainsi que toute l'équipe de Profile. Enfin, pour son amour, son soutien et ses judicieux avis de routarde, je remercie aussi mon épouse, Jo.

1

Ha na ?

Salutations

Ce n'est pas un hasard si les cultures primitives se méfiaient des étrangers. Dès que vous posez les yeux sur un autre être humain, les malentendus peuvent commencer. Ceux qui se moquent de toutes les conventions trouveront peut-être futiles les subtilités du premier contact, mais l'art et la manière de saluer varient encore énormément d'un pays à l'autre...

Bula !

À Manhattan, à Londres ou à Shanghai, dire bonjour (ou *Ni hao*) à un inconnu dans la rue semblerait curieux, voire indiscret. Il est peu probable qu'on vous réponde et on vous prendra sans doute pour un étranger ou pour un plouc débarqué de sa campagne. Loin des capitales grouillantes, en revanche, on est plus détendu. Même dans les plus grandes villes du sud des États-Unis, comme Atlanta, les gens disent souvent *hi* ou *howdy* aux passants, comme on le fait sous le soleil des îles Fidji (où l'on se salue en disant *Bula!*). Plus le cadre géographique est limité, plus il devient grossier de ne rien dire. Dans les petites villes de France, il est poli, si ce n'est normal, de dire « Bonjour, monsieur » ou « Bonsoir, madame » aux gens qu'on croise ; les habitants de La Nouvelle-Orléans qui se tiennent sous leur porche aiment à échanger un *Good night* avec des inconnus.

Ha na?

Dans toute l'Afrique, on est généralement très familier. En beaucoup d'endroits il est normal de saluer les inconnus, pas seulement par un *Hi*, «Bonjour», ou un *Dumela*, mais en ajoutant «Comment allez-vous?», *Ha na?* (déformation de l'anglais *How now?*), *Habari gain?* (en kiswahili), etc. On répond le plus souvent à cette question par une formule stéréotypée du type «Très bien. Et vous?», qui suppose en retour un «Moi aussi, je vais bien», avant qu'on puisse passer à autre chose. Voici un exemple, en provenance du Botswana :

Dumela, rra (ou *mma*, pour une femme)	Bonjour, monsieur (ou madame).
Dumela, rra. Le kae?	Bonjour, monsieur. Comment allez-vous?
Ke teng. Le kae?	Très bien. Et vous?
Ke teng.	Très bien.

C'est seulement après qu'il vous est permis de dire que vous voudriez acheter deux de ces belles pastèques ou de demander votre route pour arriver au centre-ville.

Plus au nord, ces questions rituelles risquent d'être prises au pied de la lettre. À un «Comment allez-vous?» de politesse on répondra par un flot d'informations personnelles, auxquelles vous serez censé réagir de manière adéquate. Dans certains pays, cela va encore plus loin. Dans les zones rurales du Cameroun, l'inconnu ne sera pas seulement salué : les villageois vous arrêteront pour vous demander d'où vous venez, depuis combien de temps vous êtes au village, en quoi ils peuvent vous aider, qui sont vos parents, etc. Si vous êtes plus âgé, et donc digne de respect, ne pas se prêter à ce jeu passerait pour grossier.

Terve!

La Scandinavie se situe à l'autre extrême. En Suède, on salue rarement un inconnu, même en pleine cambrousse. En Finlande, on est tout aussi taciturne. Pour se dire bonjour, il existe différents registres : *Terve!* ou *Päivää!* pour s'adresser poliment à quelqu'un qu'on n'a jamais vu ; *Hei!* est une version plus amicale, pour les gens qu'on croise parfois ; *Moi!* est dévolu aux intimes qu'on voit régulièrement.

Distinguo

En Inde et dans le monde musulman, tout dépend du sexe de l'inconnu. En Turquie, si un homme vient s'asseoir à côté d'un autre dans un jardin public, il dira sans doute *Merhaba* («Salut») ou, plus cérémonieusement, *Selâm aleyküm* («La paix soit avec vous»), à quoi il est poli de répondre *Aleyküm selâm* («Et avec vous aussi»). Mais jamais il ne saluerait une femme inconnue assise seule sur un banc.

De même, les femmes ne parlent en général qu'aux autres femmes, même s'il est devenu rare qu'elles emploient le solennel *Selâm* ; elles utiliseront plutôt *Merhaba*, *Iyi günler* («Bonjour»), ou, plus tendance, *Kolay gelsin* («Puisse la vie vous être facile»), ou *Hayirli isler* («Passez de bons moments à votre travail»).

> ### « Pas de mal ici »
>
> *Quand l'Irak a envahi le Koweït, en août 1990, le salut poli* Assalamu alaykum *et sa réponse sont devenus pour les résidents une manière de se rassurer, de dire que les étrangers n'étaient pas dangereux : « Pas de mal ici. » Lorsqu'on vous lançait* Wa alaykum assalam *à un* checkpoint, *cela signifiait qu'on vous laisserait sans doute passer sans vous fouiller.*

Debout là-dedans !

En Occident les gens se lèvent rarement lorsqu'un inconnu entre dans la pièce, mais dans de nombreuses parties du monde, de la Chine à l'Argentine, il paraîtrait impoli de ne pas se mettre debout pour saluer. Il ne suffit pas de faire signe en restant assis, de se lever à moitié ou de regarder fixement ses chaussures.

Phalanges broyées

Une poignée de main ferme est généralement considérée comme une bonne chose en Occident, surtout dans les milieux d'affaires. Mais dans des pays aussi divers que le Japon, le Costa Rica et l'Indonésie une poignée de main molle est la norme et ne reflète en rien un manque d'assurance. Cela ne signifie pas que les Occidentaux doivent répondre à la mollesse par la mollesse, mais il peut être prudent de ne pas broyer les phalanges de votre interlocuteur.

On ne serre pas forcément la main à tout le monde. Aux États-Unis ou en Grande-Bretagne, il suffit d'échanger une poignée de main avec quelques membres du groupe pour établir le contact. En France ou en Espagne, les nouveaux venus doivent serrer la main de tous ceux qui les accueillent. Et pas seulement dans un contexte commercial. Sur une plage française ou lors d'une soirée espagnole on observe la même coutume, tout comme dans les anciennes zones d'influence coloniale, à Tahiti ou en Colombie.

Envahissant

Traditionnellement, dans beaucoup de cultures asiatiques, se saluer n'impliquait pas un contact physique ; c'est pour être en phase avec l'Occident qu'on y a adopté la poignée de main. Au Moyen-Orient et en Inde, par exemple, seuls les musulmans et les hindous occidentalisés serrent la main des personnes du sexe opposé. Les Occidentaux, quel que soit leur sexe, ne doivent pas prendre l'initiative d'échanger une poignée de main avec une personne du sexe opposé (surtout si celle qu'on leur présente porte le costume traditionnel).

De même, les juifs orthodoxes risquent d'être décontenancés si une personne du sexe opposé leur tend la main. Pour un homme, le problème est que la femme peut être *niddah* (en période de menstruation), mais il peut difficilement lui poser la question ; pour une femme, si elle a la tête couverte, ce qui indique qu'elle est mariée, il lui est interdit de serrer la main (et d'embrasser).

Acceptation

Les Africains échangent souvent des poignées de main complexes en signe d'amitié ou de solidarité. Dans l'ouest et le centre du continent, les hommes se serrent la main, puis, lorsqu'ils retirent leur paume, attrapent le majeur de l'autre entre leur pouce et leur index. Plus au sud, la « poignée de main africaine » se décompose en trois étapes : on serre d'abord la main normalement, puis vers le haut, avant de revenir à la position initiale (on vous apprendra). Pour un visiteur blanc *(muzungu)*, c'est un fort signal d'acceptation (surtout en République sud-africaine).

Après une poignée de main, les Africains du Nord se frappent souvent le côté gauche de la poitrine avec la main droite, pour montrer que votre salut leur va droit au cœur. Au Tchad, la sincérité s'exprime en tendant la main gauche pour soutenir le coude droit pendant qu'on vous serre la main, geste charmant qu'on rencontre aussi en Corée du Sud.

Au Sénégal il suffit de tendre le poignet ou le coude si vous tenez déjà quelque chose, alors qu'au Nicaragua les femmes ont tendance à se tapoter l'avant-bras plutôt que se serrer la main.

Les *Frauen* d'abord

En Allemagne, veillez à toujours commencer par l'épouse avant de serrer la main du mari. Quand les personnes qui se réunissent sont nombreuses, au restaurant par exemple, les nouveaux venus peuvent faire «toc, toc, toc» sur la table au lieu d'aller serrer la pince à tous les convives.

Rebonjour

En France, quand on se voit pour la deuxième ou la troisième fois de la journée, on se dit «Rebonjour». Mais si on s'est serré la main la première fois, ce n'est pas la peine de recommencer.

Les yeux dans les yeux

En Occident, on apprend généralement aux enfants qu'ils doivent regarder les adultes dans les yeux en leur serrant la main. On considère que ce contact oculaire accompagne bien une poignée de main, que c'est une marque de sincérité. Dans les pays méditerranéens, en Arabie et en Amérique latine, un regard trop direct peut déconcerter. Ne soyez pas offensé si, dans d'autres parties du monde, la personne à qui vous venez d'être présenté ne vous rend pas la pareille. Au Japon et au Viêtnam, on évite généralement le contact oculaire, tout comme en Chine, où un regard trop appuyé est tenu pour irrespectueux.

Dans le bush australien, les aborigènes fuiront votre regard tant qu'une relation de confiance n'aura pas été établie. En Afrique centrale et méridionale, on détourne souvent les yeux lorsqu'on parle à ses aînés ou à ses supérieurs. Dans l'ouest du continent, on apprend aux petits Ghanéens à ne pas regarder les adultes dans les yeux lors de la première rencontre : ce serait un signe de défi.

Smiley

Aux États-Unis et en Grande-Bretagne, il est poli de sourire lorsqu'on est présenté à quelqu'un ; si factice ou atroce que soit le rictus, cette tentative indique que vous essayez au moins de vous réjouir de cette rencontre. Mais cette grimace n'est pas universelle. Surtout dans les milieux d'affaires, beaucoup de cultures considèrent les présentations comme une chose sérieuse. Faites donc comme la personne qu'on vous présente : si elle sourit, souriez, sinon abstenez-vous.

Quand les Japonais ou les Indonésiens sourient ou rient, ce n'est pas forcément parce qu'ils trouvent amusant ce que vous dites, c'est peut-être simplement parce qu'ils ne comprennent pas ou qu'ils sont gênés.

Salaam

Les salutations arabes peuvent être très complexes. Après l'échange initial de *Assalamu alaykum*, accompagné d'une poignée de main souple, vous pouvez retirer votre main et vous toucher le cœur. Selon la tradition, votre hôte vous met alors sa main gauche sur l'épaule droite et vous embrasse les deux joues. Ce n'est pas à vous de commencer, mais, quand cela se produit, vous devez en faire autant. Si votre hôte vous tient ensuite la main, ne la retirez pas, même s'il la garde longtemps. Il n'y a là rien d'équivoque (surtout dans une partie du monde où l'homosexualité reste un crime passible de la peine capitale) ; ce n'est qu'un geste d'amitié. Ensuite, avoir recours au registre religieux peut être flatteur. Dire *Inch'Allah* (« Si Dieu veut ») est respectueux et toujours bien accueilli.

Maîtrisez votre admiration, qu'il s'agisse d'une montre, d'une épingle de cravate ou d'un bibelot : un hôte soucieux de la tradition peut se sentir obligé de vous l'offrir et s'offenser si vous refusez. Après quoi (c'est tout le problème), vous serez censé lui offrir un cadeau d'égale valeur. Si vous éprouvez le besoin de complimenter votre nouvel ami sur sa Rolex incrustée de diamants, faites-le de manière indirecte.

Dans l'ordre

Même si cela fait rire les égalitaristes suédois ou australiens, l'*ordre* dans lequel vous saluez les gens compte beaucoup dans de nombreuses cultures. Au Venezuela, par exemple, vous devez toujours vous présenter d'abord à la personne la plus âgée, alors qu'en Indonésie, où on est très soucieux de l'étiquette, c'est la plus puissante que vous devez saluer. En Chine, le visiteur le plus titré passe avant tout le monde et inaugure les salutations ; les Japonais sont aussi très à cheval sur l'ordre des présentations.

L'Occident s'est débarrassé de la plupart de ces subtilités, mais lors de cérémonies prestigieuses (si vous êtes présenté à un roi ou à une reine, par exemple), ce sont les gens les moins importants qu'on présente aux plus éminents. Donc: «Votre Majesté, puis-je vous présenter M. Dupont», et non: «Monsieur Dupont, je vous présente la reine.»

Ojigi et *Namaste*

Le salut traditionnel japonais est bien sûr la révérence *(ojigi)*. Si un Japonais rencontre un compatriote, il se plie en deux à la taille, les yeux baissés aussi bas, ou plus bas si la personne à qui il s'adresse est un supérieur hiérarchique. Les hommes gardent les bras le long du corps; les femmes posent les mains sur les cuisses, les doigts serrés.

Elle est loin, l'époque où les visiteurs occidentaux *(gaijin)* étaient censés en faire autant. Aujourd'hui, au Japon, on vous accueille par une poignée de main à l'occidentale. Tenez-vous-en là. Si vous essayez autre chose, vous risquez de vous planter. Si l'on vous fait une courbette sans vous serrer la main (quand vous échangez vos cartes, peut-être, ou dans des zones rurales), un hochement de tête poli suffira comme réponse.

Les Indiens ont aussi l'habitude de baisser la tête: ils joignent les mains près du cœur en disant *Namaste*. Les étrangers peuvent imiter ce geste, mais, si vous vous sentez stupide, ce n'est pas indispensable. Quand une Occidentale salue un Indien, cependant, un *Namaste* respectueux permet de résoudre le dilemme: poignée de main *or not* poignée de main.

Les Thaïs ont une pratique semblable, appelée *wai*: plus

haut vous joignez les mains, plus le respect exprimé est grand. Le code étant complexe, les étrangers ont tout intérêt à éviter le *wai*.

On se fait la bise

Oui, même si cela étonne toujours les Anglo-Saxons, les hommes s'embrassent dans quantité de pays (mais jamais dès la première rencontre). Même de grands embrasseurs comme les Russes restent sur leur quant-à-soi avec les inconnus. Les étreintes asphyxiantes et les baisers baveux viennent plus tard, une fois devenus collègues ou amis.

Les Anglais sont souvent mal à l'aise dans ces circonstances, les hommes surtout, mais ils se plient à cette coutume parce qu'elle est distinguée et continentale. Les Français, qui sont distingués et continentaux, n'ont évidemment pas ce genre de réticences : ils ont l'habitude de se faire la bise et ne pas s'embrasser leur semblerait un signe de froideur ou d'indifférence. Les Belges et les Brésiliennes célibataires vous proposent trois baisers ; en Amérique latine, le troisième est censé porter chance pour trouver un conjoint.

En Égypte on s'embrasse sur le front, et au Bénin les amis du même sexe peuvent se saluer par plusieurs baisers, et terminer en effleurant les lèvres. En Italie il ne paraît pas grotesque pour un homme de faire le baisemain à une femme, alors que dans les cercles conservateurs d'Allemagne et d'Autriche un homme plus âgé peut marmonner *Küß die Hand* (« Je vous baise la main »), tout en portant la main de la dame jusqu'à ses lèvres. Au Viêtnam ou en Chine, à l'inverse, même un petit bécot sur la joue ou le front est *verboten*; dans les zones rurales la femme qu'on a vue embrasser un homme peut être poussée au suicide par la honte.

Le souffle de vie

Pour se saluer, les Maoris de Nouvelle-Zélande font le *hongi*: ils se frottent le nez et le front l'un contre l'autre pour partager la même inspiration, le *ha*, ou «souffle de vie». En tant qu'inconnu, une fois que vous avez partagé le souffle, vous cessez d'être considéré comme un des *manuhiri* (visiteurs) pour devenir un des *tangata whenua* (peuple de la terre). On rencontre le même type de salutation à travers les îles de Polynésie, où le baiser du nez porte le nom de *honi*; quand vous entrez dans une hutte, n'oubliez jamais de garder la tête plus basse que celle de votre hôte, surtout si c'est le chef. Placez votre nez sur son genou ou contre son mollet, puis attendez qu'il fasse remonter votre tête jusqu'à la sienne. À l'autre bout du Pacifique, à Hawaii, le baiser s'appelle aussi *honi* et le mot (souvent insultant) désignant l'étranger, *haole*, signifie littéralement «dépourvu du souffle de vie».

La Terre Mère

Dans le folklore maori, la première femme fut créée par le dieu Tane, fils de Ranginui (le Ciel) et de Papatuanuku (la Terre), qui la façonna avec de la terre rouge. Tane l'étreignit ensuite et lui souffla dans les narines, sur quoi elle éternua et prit vie. Elle s'appelait Hineahuone (« femme formée de la Terre ») ; avec Tane, elle eut une fille nommée Hinetitama, la « fille de l'Aube », qui devait contrôler le passage des ténèbres à la lumière.

Un présent des dieux

Dans le Pacifique Sud, les visiteurs sont généralement charmés par la coutume du *lei*, cette guirlande de fleurs parfumées qu'on leur met autour du cou lorsqu'ils arrivent sur l'île de leur choix. À l'heure du tourisme de masse, cela arrive plutôt à ceux qui se sont payé un voyage organisé haut de gamme qu'au routard lambda.

Dans la culture hindoue, la tradition veut aussi qu'on vous passe une guirlande autour du cou après vous avoir accueilli. Si cela vous arrive en Inde, pas la peine de porter cette décoration indéfiniment ; une fois assis, enlevez-la et posez-la à votre droite sur la table. Si, dans un temple, un inconnu vous offre une guirlande en guise de *prasad* (présent des dieux), sachez qu'il comptera sur vous (et non sur les dieux) pour la lui payer.

2
Tu peux t'asseoir dessus !
Gestes

Le pouvoir des gestes est extraordinaire : levez deux doigts d'une certaine façon lorsqu'on vous double sur une route étroite au Royaume-Uni et on vous adressera un grand sourire, parce que vous êtes gentil et pacifique ; levez-les d'une autre façon et l'automobiliste écarlate sortira de sa voiture en courant pour venir vous étrangler. Oui, dès que vous n'êtes plus en terrain de connaissance, il est essentiel de se montrer prudent. Il suffit d'un geste malencontreux pour susciter une hostilité virulente...

Pouce !

Le geste d'encouragement qui en Grande-Bretagne et en Suède consiste à lever le pouce vous vaudra des injures ou pire si vous y avez recours dans un embouteillage en Iran, où il signifie littéralement : « Tu peux t'asseoir dessus ! » On appelle ce geste *bilakh* et c'est une insulte sans ambiguïté, équivalant au doigt d'honneur en Occident. Il est tout aussi grossier en Australie et au Nigeria.

OK

Le geste américain dans lequel l'index rejoint le haut du pouce pour former un cercle, les autres doigts étant légèrement penchés, a de nombreuses significations de par le monde. Dans le sud de la France, au Portugal, en Italie, en Grèce et au Zimbabwe il signifie «zéro» ou «nul», alors qu'au Japon il désigne l'argent. Jusque-là, rien de grave. En Iran il représente le mauvais œil et, dans des lieux aussi divers que la Turquie, Malte et le Brésil, ce geste indique que vous comparez quelqu'un à la partie la moins propre de l'anatomie. Faites «OK» à un policier qui règle la circulation à Istanbul et vous récolterez au minimum une belle amende. Détail intéressant, ce même geste a été adopté dans le code international de la plongée sous-marine pour signifier «tout va bien» lorsqu'il est impossible de parler, dans des conditions périlleuses au fond de l'eau. On se demande comment le symbole est perçu au large d'Ilha Grande…

Deux doigts

Les Américains doivent réfléchir à deux fois avant de faire le signe de la victoire en Grande-Bretagne, où deux doigts dressés en V, paume vers soi, suffisent à outrepasser les limites du fameux sens de l'humour britannique. Ce geste a le même sens («Va te faire foutre») en Australie et en Irlande. Si, en plus, on met le nez entre les deux doigts, le geste devient aussi grossier au Mexique et en Arabie Saoudite.

Si l'on tourne la paume vers l'extérieur, en revanche, ce geste est inoffensif, où que l'on soit. Ce peut être un signe de paix un peu hippie, de victoire cocardière à la Churchill, ou exprimer une quantité, comme quand vous lancez : « Deux autres bières, s'il vous plaît ! »

Intact

Le signe V remonterait à la guerre de Cent Ans. Il est dit qu'on coupait les deux principaux doigts de la main droite aux archers faits prisonniers pour les empêcher définitivement de tirer des flèches. Le geste permettait donc à un soldat d'indiquer qu'il était encore entier et prêt à se battre. Selon cette histoire apocryphe, les archers anglais victorieux à Azincourt (octobre 1415) défilèrent devant les prisonniers français en leur adressant un V triomphant (ce qui peut expliquer la double signification : « Victoire ! » et « Va te faire foutre ! »). Les Archives Churchill possèdent diverses photos du grand homme ayant recours à ce geste de défi dans les deux sens. On sait que, essayant d'imiter son héros, Margaret Thatcher se trompa lors des élections partielles de Woolwich en 1975.

Les cornes

Un autre geste dont le sens varie du tout au tout est celui des cornes (index et auriculaire dressés, pouce rabattu contre les autres doigts repliés), utilisé par le président George W. Bush lors de sa seconde cérémonie d'investiture en 2005. Chez lui, au Texas, c'est le signe de victoire de l'équipe de base-ball des Texas Longhorns. Presque partout ailleurs, ce geste a un sens beaucoup moins plaisant. En Norvège, c'est le signe du diable; en Italie, c'est le *cornuto*, censé indiquer le cocuage, accusation profondément insultante même si elle est infondée. On ignore si ce grand leader, tant au fait des questions culturelles, connaissait ces autres interprétations possibles lorsque les chaînes de télévision internationales diffusèrent les images où on le voyait faire le signe des cornes.

Je vous aime

Il ne faut pas confondre les cornes avec le geste américain signifiant «Je vous aime», cher aux *rock stars* américaines, aux télévangélistes et aux hommes politiques. L'index et l'auriculaire sont dressés, avec les deux doigts du milieu repliés, mais le pouce et l'auriculaire sont déployés en un grand V.

Le doigt d'honneur

Il n'y a aucun pays au monde où il soit poli de dresser le majeur (éventuellement en désignant l'interlocuteur avec agressivité). Ce geste est censé symboliser le pénis en érection et signifie universellement «Va te faire foutre!». Il date de l'Antiquité romaine, où on l'appelait *digitus impudicus*. Les Arabes le font généralement vers le bas, les doigts légèrement écartés.

Le bras d'honneur

Frapper le haut du bras avec l'autre main tout en relevant l'avant-bras, poing fermé, est un geste tout aussi phallique que le doigt d'honneur et tout aussi insultant, à peu près partout.

La figue

Une variation de ce qui précède consiste à faire dépasser le pouce entre l'index et le majeur d'un poing fermé. Parfois appelé *figa* («figue»), ce geste est efficace si vous souhaitez offenser quelqu'un en Corée, en Russie et dans de nombreux pays méditerranéens, particulièrement la Turquie et la Grèce. Au Brésil et au Venezuela, au contraire, il signifie «Bonne chance!» et on peut même se procurer de superbes pendentifs *figa* en argent massif. Pensez simplement à le retirer la prochaine fois que vous irez à Séoul ou à Moscou.

Croisons les doigts

Celui-ci offre bien plus d'occasions de malentendu. En Europe et dans certaines régions des États-Unis, croiser les doigts signifie «Bonne chance!», «Espérons», «On pensera à toi» (tandis que les doigts croisés dans le dos indiquent que vous ne pensez pas réellement ce que vous dites). Mais, en Russie, montrer ses doigts croisés est une façon de nier ou de rejeter grossièrement quelque chose; au Paraguay et en Uruguay, c'est aussi insultant que la *figa*. En Espagne et en Argentine, on fait ce geste pour conjurer le mauvais sort, alors qu'en Chine il signifie le nombre 10.

La *moutza*

Dresser la paume face à quelqu'un est un geste innocent dans la plupart des pays, où il permet de saluer, de demander à l'autre de s'arrêter ou même de le remercier. En Grèce, il pourrait en revanche vous attirer des ennuis: on y considère la *moutza* comme profondément insultante. Cela remonte à l'époque où on faisait défiler en ville les criminels enchaînés en leur barbouillant le visage de cendres *(moutzos)* et d'excréments pour les humilier publiquement. Plus votre main s'approche du visage de l'autre, plus le geste paraît menaçant. Deux paumes sont plus insultantes qu'une seule, et si vous y ajoutez un pied ou les deux, c'est vraiment que vous cherchez la bagarre.

Le camembert

Les Français sont réputés pour avoir des gestes qui n'appartiennent qu'à eux: le haussement d'épaules, la moue,

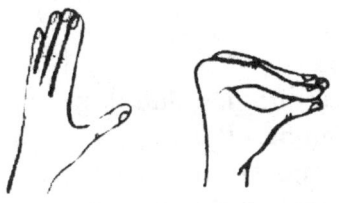

etc. Le camembert consiste à dresser la main en L, puis à lentement rapprocher le pouce et les autres doigts, comme pour saisir un morceau de fromage; accompagné d'une expression traduisant la plus totale indifférence, c'est une façon grossière de conseiller à quelqu'un de la boucler.

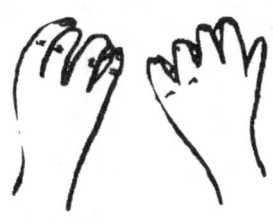

Signalons aussi les boules: tenez une paire de boules imaginaires devant votre poitrine et déformez votre visage pour lui imprimer une expression de frustration. Cela traduit, de la manière la plus hautaine possible, votre profond ras-le-bol.

L'herbe pousse

En Israël, réunir les doigts et les agiter de haut en bas, la paume vers le haut, signifie: «Un peu de patience!» En

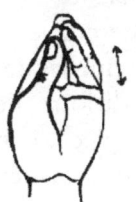 

revanche, désigner votre paume ouverte avec l'index de l'autre main signifie : « L'herbe poussera sur ma main avant que ce que tu prétends ne se réalise. » Autrement dit : « Va te faire foutre ! »

Jeu de paume

Baisser la main en direction du sol, paume vers le bas, signifie « Peu importe » aux États-Unis et dans la plupart des pays. En Amérique latine, ce petit geste indique que quelqu'un est homosexuel. Dans le berceau du machisme hétérosexuel, c'est une bonne façon de provoquer une dispute.

Partir du bon pied

N'oubliez pas que, outre les gestes délibérés, même des mouvements involontaires peuvent être source de problèmes. Croiser les bras sur sa poitrine est impoli et hostile en Finlande, comme dans certains endroits des États-Unis. Mettre les mains sur les hanches est vu comme une marque d'agressivité dans des contrées aussi diverses que le Kenya, le Nicaragua et la Malaisie. Dans tout le Moyen-Orient, vous avez le droit de croiser les jambes, pourvu que vous ne pointiez pas les semelles de vos chaussures vers quelqu'un, ce qui est traditionnellement une insulte ; dans les cultures arabes, les pieds, constamment en contact avec le sol crasseux, sont considérés comme impurs.

Ce tabou concernant les pieds s'étend à l'est, dans les pays bouddhistes, où le pied est aussi perçu comme la partie du corps la plus impure. Marcher sur un billet de banque en Thaïlande est jugé particulièrement irrespectueux, puisque vous posez le pied sur l'effigie du souverain révéré.

À coups de talon

Quand l'Irak s'est écroulé, en 2004, la population locale a exprimé sa colère contre Saddam Hussein en écrasant ses portraits à coups de talon – la pire insulte possible. Un an et demi plus tard, en décembre 2005, le Premier ministre Ayad Allawi, généralement considéré comme une marionnette des États-Unis, a été chassé du mausolée de l'imam Ali à Najaf par une pluie de chaussures et de sandales.

Le mauvais œil

Dans les pays bouddhistes, ne touchez jamais la tête des gens, même amicalement. Cette partie du corps est sacrée, c'est le siège de l'âme ; toucher le sommet du crâne est extrêmement insultant, même pour un enfant.

Au Mexique, c'est l'inverse. Selon une croyance très répandue, si vous voyez un bel enfant, vous *devez* le toucher, généralement sur la tête ou le visage, sans quoi il vous arrivera malheur. Ce geste s'accompagne de la phrase *No le vaya a hacer ojo* («Je ne veux pas susciter une malédiction contre lui»). Les mères mexicaines qui promènent leurs enfants en poussette dans les rues sont souvent arrêtées par des passants voulant procéder à ce rituel.

Évitez cependant de vous adonner à cette pratique. Si un parfait inconnu, surtout aux yeux bleus, verts, noisette ou d'une autre couleur claire, touche ou regarde un enfant de façon inappropriée, on l'accuse de lui envoyer *el mal de ojo*, le mauvais œil.

Montrer du doigt

On apprend aux petits Français qu'il ne faut pas montrer les gens du doigt, mais les adultes utilisent souvent l'index pour désigner quelque chose. Méfiez-vous de ce geste si vous êtes au Moyen-Orient, en Extrême-Orient ou dans de nombreuses régions d'Afrique : désigner quelque chose d'un seul doigt y est très mal vu. Mieux vaut employer la main ouverte.

Les Malais montrent les choses avec le poing fermé, le pouce en haut pour indiquer la direction. Les Philippins sont encore plus discrets : ils repèrent un objet en tournant les yeux ou les lèvres vers lui. De même, les Vénézuéliens joignent les lèvres pour indiquer quelque chose. En Guinée-Bissau, le geste se fait avec le menton ou la langue ; c'est le seul endroit au monde où il vaut mieux tirer la langue que lever le doigt.

Viens ici

Évitez aussi de faire signe en agitant un seul doigt incurvé. En Yougoslavie comme en Malaisie, ce geste est réservé aux animaux ; en Indonésie et au Japon, il est tout simplement grossier. Dans toute l'Europe continentale, au Moyen-Orient et dans une bonne partie de l'Amérique latine, le geste signifiant «Viens ici» consiste à allonger le bras, la main tendue, paume vers le bas, et à faire comme si on grattait. Au Japon, il ne s'agit pas seulement d'un mouvement de va-et-vient, puisque cela ressemble fort au geste anglais signifiant «Va-t'en».

Neh et *okhee*

Ceux qui habitent un pays où «oui» et «non» s'expriment en hochant ou en secouant la tête supposent peut-être que des gestes aussi basiques sont partout les mêmes. Ils se trompent.

Les Albanais et les Bulgares hochent la tête pour dire «non» et la secouent pour dire «oui». Au Sri Lanka, agiter la tête de gauche à droite et de droite à gauche est un signe d'encouragement ou d'affirmation (qu'on finit d'ailleurs par imiter), tandis qu'un simplement hochement de tête s'avère négatif.

En Turquie, on rejette la tête en arrière en haussant les sourcils pour dire «non». Ce geste signifie également «non» en Grèce et dans les pays arabes (où il s'accompagne parfois d'un claquement de la langue). En Grèce, hausser les sourcils peut suffire à exprimer la négation, et les mots n'aident pas vraiment: *neh* signifie «oui» et *okhee* signifie «non».

Piropo

En Espagne ou en Amérique latine, si un homme cligne de l'œil et siffle sur le passage d'une femme, ce n'est pas une insulte. Cette approbation audacieuse est appelée *piropo* et peut s'assortir d'un compliment verbal du genre *Hola guapa!* («Salut, ma jolie!»), *Qué piernas!* («Quelles jambes!») ou *Diosa!* («Déesse!»). Si la dame ignore ces paroles, on en reste là, mais un gracieux sourire en réponse au compliment est toujours bien perçu, sans impliquer le désir de suites éventuelles.

En Australie, un homme a parfaitement le droit d'adresser à un autre homme un clin d'œil complice, mais pas à une femme, même pour souligner une plaisanterie; cela peut vous valoir des ennuis dans l'arrière-pays, où le mâle le plus archaïque n'appréciera guère que vous vous approchiez trop de madame. En Arabie Saoudite, tout clin d'œil est jugé vulgaire; à Hongkong, c'est la vulgarité même.

Manger les restes

Même si cet art se perd de nos jours, les piropos *plus longs et complexes témoignent de l'imagination de l'incorrigible flirteur:* Si la belleza fuera delito, yo te hubiera dado cadena perpetua *(«Si la beauté était un crime, tu mériterais la prison à perpétuité»);* Con lo que se te ve y lo que se te imagina, yo ya tengo bastante *(«Avec ce que tu montres et ce que j'imagine, j'ai assez»);* Si tu cocinas como caminas, quiero comer los rasgos *(«Si tu fais la cuisine comme tu marches, j'ai envie de manger les restes»). Les plus experts peuvent même s'adonner au* piropo *indirect, en s'adressant à la mère d'une belle jeune femme lorsqu'elles se pro-*

mènent ensemble : Me gustaría que Usted fuera mi suegra *(« J'aimerais que vous soyez ma belle-mère »).*

Les envahisseurs

En Europe du Nord et en Amérique du Nord, chacun revendique son espace personnel. En Amérique latine, en Afrique du Nord, au Moyen-Orient et en Chine, au contraire, les gens se tiennent souvent si près que vous sentez leur respiration passer sur vous. Si vous vous reculez, ils essayeront probablement de combler ce vide. Le plus poli est de s'adapter et d'accepter cette proximité alarmante. Autrement, si vous prenez vos distances, ils vous suivront, et ainsi de suite jusqu'à donner lieu à une lente et gênante poursuite tout autour de la pièce.

Dans beaucoup de ces cultures « envahissantes », il paraît naturel d'aller à la rencontre des autres. Si vous êtes assis seul dans un cinéma ou dans un autobus en Égypte, par exemple, un nouveau venu pourra très bien venir occuper le siège juste à côté de vous. Ne vous y méprenez pas : cela ne signifie pas forcément qu'il veut vous parler.

Petons mongols

En Mongolie, si vous marchez sur le pied de quelqu'un, vous devez lui serrer la main et lui proposer de vous marcher sur le pied à son tour. Dans un bus bondé à Oulan-Bator, vous aurez peut-être la surprise d'entendre une vieille dame vous supplier de poser votre grosse godasse sur son escarpin.

3

Monsieur Homme
Les noms

Il fut un temps où le nom d'une personne révélait toutes sortes d'informations utiles à son sujet : d'où elle venait, si elle était mariée ou célibataire, à quelle génération elle appartenait, et même qui étaient ses parents. Aujourd'hui, dans un monde caractérisé par des mouvements de population à grande échelle et par des unions interculturelles, plus aucun présupposé ne tient. Samantha Chaudhuri peut être une Anglaise bon teint qui a épousé un Indien, ou une Bangladaise qui a adopté le prénom européen qu'on lui a donné lorsqu'elle travaillait dans un centre d'appel à Bombay. De même, Wesley Chan peut ne pas être le nom d'un Afro-Chinois, mais celui d'un Dublinois doté d'un accent irlandais à couper au couteau…

Ravi de vous rencontrer, monsieur Jacques

En Extrême-Orient, l'ordre des noms peut être source de confusion. Si vous appelez « monsieur Chee » un M. Li Wong Chee de Singapour, c'est comme si vous appeliez Jacques Dupont « monsieur Jacques ». En général, l'ordre est inversé, avec le nom de famille en premier (Li), puis un nom qui indique l'appartenance à une génération spécifique (Wong), puis le prénom (Chee). Si vous avez la chance d'être invité chez M. Li pour rencontrer son épouse, rappelez-vous que les Chinoises ne prennent pas le nom de leur mari ; si elle s'appelle Ho Chu Chin, elle sera donc Mme Ho.

Rien n'est jamais simple. À Taïwan, à cause de l'influence des écoles missionnaires, beaucoup de gens font précéder d'un prénom chrétien leur nom local énoncé dans l'ordre traditionnel. Johnnie Li Wong est donc «M. Li», Johnnie Li pour ses amis. La situation se complique encore du fait des contacts croissants avec l'Occident. Pour ne pas perturber les étrangers, beaucoup d'Orientaux modifient l'ordre de leurs noms. Si Li Wong Chee s'appelle en réalité Chee Wong Li, il faut donc l'appeler «monsieur Chee».

Vous êtes perdu ? Si vous hésitez, vous pouvez toujours poser la question.

Mme Kim

En 1993, lors de sa visite officielle en Corée du Sud, Bill Clinton appela à plusieurs reprises «monsieur le président» et «madame Kim» ses hôtes, Kim Young Sam et son épouse. Pourtant, les épouses coréennes ne suivent pas la tradition japonaise : elles gardent leur nom de jeune fille. La femme du président Kim, Sohn Myong Suk, était donc «madame Sohn». Comme Clinton arrivait directement du Japon, son erreur indiquait que la Corée comptait moins à ses yeux que le Japon, incident fâcheux dans un pays où l'essentiel est de sauver la face.

Lions et princesses

Dans le nord de l'Inde, les hindous ont généralement un ou deux prénoms, suivis du nom de famille qui indique souvent la caste, en décrivant une occupation traditionnelle (Gandhi, par exemple, signifie «épicier» ou «pharmacien», et Patel «métayer»). Récemment, à la suite de protestations suscitées par ces noms liés aux castes, certains y ont renoncé.

Dans le sud, les gens n'avaient jadis pas de nom de famille. Les hommes prenaient l'initiale du nom de leur père, suivie de leur prénom, le tout souvent précédé de l'initiale de leur ville de résidence. K. V. Sanjeev était donc Sanjeev, fils de Vidvan, originaire de Kokradi. Cette pratique est encore en usage, mais souvent sans la première initiale; certains tenants de la modernité suppriment complètement les initiales et utilisent leur prénom suivi du nom de leur père. Les femmes font la même chose, mais, après le mariage, renoncent à l'initiale ou au nom de leur père et ajoutent le nom (ou l'initiale) de leur mari à leur propre prénom. Quand J. Ranjana (Ranjana, fille de Jaidev) épouse K. V. Sanjeev, elle devient Mme Ranjana Sanjeev.

Les sikhs portent un prénom suivi de *Singh* («Lion», pour les hommes) ou *Kaur* («Princesse», pour les femmes). Il faut appeler les sikhs par leur titre et leur prénom: *Sardar*, abrégé en *S*, est l'équivalent de «monsieur», donc Jasbir Singh sera «monsieur Jasbir» ou «S. Jasbir». L'appeler «monsieur Singh» serait absurde, comme si on appelait quelqu'un «monsieur Homme».

De la maison de…

Bien que certains musulmans indiens et pakistanais gardent des noms de clan hindou, comme Patel ou Chaudhuri, les noms musulmans viennent généralement de l'arabe. Dans le monde arabe, un musulman porte un prénom suivi de *ben*, mot qui signifie «provenant de», ici «fils de». Vient ensuite le nom d'un grand-père et, dans certains pays, un nom de famille. Le Dr Osman ben Sultan ben Ahmad al-Harithi est donc Osman, fils de Sultan, petit-fils d'Ahmad, de la maison d'Harithi (on l'appellera «Dr Osman»). Quant à sa jolie sœur Zeinab, ses ancêtres féminins sont sans importance. Elle est Zeinab *bent* Sultan *bent* Ahmad al-Harithi (ou *binti* dans certains pays; «fille de»). Lorsqu'elle se marie, elle ne change pas de nom; c'est seulement dans un contexte informel qu'une épouse sera appelée «madame», suivi du nom ou du prénom de son mari.

Dans la plupart des pays du Golfe, *ben* ou *bent* est remplacé par l'alternative *ibn*, ou supprimé entièrement, et l'on se retrouve ainsi avec une série d'ancêtres mâles, qui remonte parfois au-delà du grand-père: Osman Sultan Ahmad Abdallah al-Harithi. Dans tout le monde musulman, *Hadji* est un titre honorifique pour ceux qui ont accompli l'*hadj*, le pèlerinage à La Mecque.

Oumm

Comme au Moyen-Orient les gens ont l'habitude d'être appelés par leur nom de famille, vous ne saurez peut-être pas comment vous adresser à votre interlocuteur arabe lorsque le progrès de vos relations vous permettra de passer aux prénoms. Quand les gens ont des enfants, un bon moyen de contourner cette difficulté est de s'adresser à eux en employant le nom de l'aîné de leur progéniture précédé d'*Abou* («père de») ou d'*Oumm* («mère de»). Osman devient ainsi Abou Abdallah et son épouse, en théorie, Oumm Abdallah, mais ce genre de familiarités avec une femme est très rare en pratique.

Guerre et paix

En Russie, en matière d'appellations, les choses n'ont guère changé depuis Tolstoï. Les Russes portent un prénom (Vassili ou Ekaterina, par exemple), puis un patronyme, c'est-à-dire le prénom de leur père (Alexeï, par exemple), auquel on ajoute la terminaison signifiant «fils de» (Alexeïevitch) ou «fille de» (Alexeïevna). Vient enfin le nom de famille (Borodkine, par exemple, ce qui donne Vassili Alexeïevitch Borodkine). En outre, les noms des femmes ont une terminaison féminine (Ekaterina Alexeïevna Borodkina). Oublier cette désinence n'est pas une bonne idée : c'est comme si vous disiez «monsieur» à une dame.

Entre eux, les Russes réduisent tout cela à d'innombrables diminutifs et surnoms. Ne les imitez pas avant d'y être invité ; ils s'attendront probablement à ce que vous utilisiez le prénom et le patronyme, ce qui est à la fois signe d'amitié et de respect. Vous pourrez alors leur proposer de vous appeler par votre prénom.

Si vous voulez éviter le prénom et le patronyme, vous

pouvez recourir aux titres *gospodine* («monsieur») ou *gospoja* («madame»), qui ne sont pratiquement employés que par les étrangers. Le terme *tovaritch* («camarade»), en usage à l'époque soviétique, est désormais passé de mode et n'est plus utilisé que de manière ironique, comme lors d'une réunion où l'on dirait: «Et si nous écoutions ce que le camarade Borodkine a à nous dire?...»

Cent ans de confusion totale

Ceux qui ont lu les romans de Gabriel García Márquez ou qui ont passé un certain temps en Amérique latine savent que la norme est d'avoir deux prénoms: Ana María ou José Antonio, par exemple. Par écrit ou dans un cadre officiel, le nom de famille du père vient ensuite, puis celui de la mère (Ana María ou José Antonio Vásquez Rodríguez). Pour le quotidien, vous vous adresserez à Ana et José en employant leur titre, suivi du nom de leur père: *señor* ou *señorita* Vásquez. Si Ana se marie, elle peut ajouter le nom de son mari à la liste (généralement précédé par «de») et abandonner le nom de sa mère, devenant ainsi Ana María Vásquez Rodríguez de Martínez, qu'on appellera *señora* de Martínez ou, moins cérémonieusement, *señora* Martínez. Si elle ne se marie pas, elle restera *señorita* jusqu'à la fin de ses jours; l'appeler *señora* reviendrait à mettre sa virginité en doute. José, en revanche, n'ajoute pas le nom de son épouse à sa liste.

Les Sud-Américains prévoyants rendent parfois les choses plus simples pour les étrangers en soulignant sur leurs cartes de visite le nom qu'ils doivent utiliser. Et rappelez-vous, pour pimenter le tout, qu'au Brésil, où l'on parle le portugais, c'est le nom du père et non celui de la mère qui vient en dernier.

San

N'appelez jamais un Japonais par son prénom, utilisé uniquement par sa famille et ses très proches amis. Employez le nom de famille en ajoutant *san* («monsieur» ou «madame»).

Herr Doktor Professor

Quel que soit le nom qui aille avec, il faut toujours se montrer prudent dans le maniement du titre. Dans les cultures peu à cheval sur l'étiquette (États-Unis, Israël, Suède, Australie), vous n'êtes pas obligé d'appeler quelqu'un «docteur» ou «professeur»; cela risquerait même de paraître un peu guindé ou prétentieux. Cependant cette désinvolture ne vaut pas pour certains pays qui affichent la même attitude, voire de manière plus marquée, mais seulement en surface. En Allemagne, en France ou au Japon, comme on peut s'y attendre, les titres comptent, mais c'est également le cas en Italie, en Espagne et en Amérique latine, où les gens sont aussi soucieux de s'entendre donner du *dottore*, *abogado* ou *ingeniero* que les Allemands le sont d'être appelés *Herr Doktor* ou *Frau Professor*. Usez du *señor*, *cheikh*, «princesse», etc., à moins qu'on ne vous demande d'y renoncer.

À tu et à toi

Attention aux langues où existent le tutoiement et le vouvoiement. Dans certains pays, ces distinctions n'ont plus aucune importance. Aux Pays-Bas, par exemple, on considère plus chaleureux d'employer le familier *jij* ou *jullie*; la forme de politesse *u* est réservée aux enfants et à la correspondance commerciale. Les Français ne se vexent pas si un étranger les tutoie par erreur, mais si ledit étranger prétend maîtriser la langue, on compte sur lui pour être au fait de ces distinctions (le tutoiement est réservé à la famille, aux amis, aux animaux domestiques et aux insultes). En Espagne, seules les personnes plus âgées s'attendent à *usted* plutôt que *tú*.

En Allemagne, cependant, il ne faut pas confondre le *Sie* de politesse et le *du* familier. Il n'y a pas si longtemps, la presse a évoqué le cas d'une femme arrêtée pour avoir dit *du* à un policier. Cette anecdote montre bien qu'avec les Allemands il faut longtemps avant d'en venir au prénom; si vous brûlez les étapes, vous paraîtrez d'une familiarité excessive, voire grossier.

Boisson de fraternité

Traditionnellement, le passage de la forme de politesse au tutoiement était marqué en Allemagne par une cérémonie particulière, le Brüderschafttrinken *(«Boisson de fraternité»). Deux hommes buvaient une chope de bière à leur santé mutuelle et, bras dessus, bras dessous, s'invitaient solennellement à se montrer aussi familiers que des frères, coutume qui se perpétue encore dans certaines régions.*

Butch et Poochy

Comme les Américains, les Thaïs emploient directement le prénom. Dès la première rencontre, ils peuvent vous appeler « monsieur Marc » ou « mademoiselle Suzanne ». Les Philippins, eux, adorent les surnoms aux sonorités parfois curieuses pour un étranger (Peachie, Butch, Bing-Bong ou Poochy). Mais quand un Philippin vous convie à l'appeler par son surnom, faites-le, et demandez-lui d'en faire autant pour vous, même si vous devez vous en inventer un. Dans la police et dans l'armée, les Philippins adorent la flatterie moqueuse consistant à s'attribuer des grades supérieurs aux leurs. On appellera « capitaine » un simple agent, « général » un simple capitaine. En tant que visiteur étranger, vous n'êtes pas censé participer à ces sottises.

Vieil Oncle

Les surnoms ont aussi beaucoup de succès en Afrique. Au Niger, les gens les préfèrent aux vrais noms, qu'on n'emploie jamais. Ils se désignent par leur lien de parenté ou par leur profession (« Vieil Oncle », « Marchand de légumes », etc.). Une femme n'a pas le droit d'utiliser le nom de son mari, et personne ne peut utiliser le nom d'un parent ou ami mort.

Dans ce domaine, les cultures indigènes conservent parfois les tabous les plus anciens. Chez les Sanemas, qui habitent au fond de la jungle amazonienne du Venezuela, il est interdit d'appeler quiconque par son prénom. Vous pouvez contourner la difficulté en employant son prénom espagnol.

Les cousins blagueurs

Au Mali, les gens qui ont le même nom de famille (désignant généralement une activité : fermier, conteur, etc.) sont appelés *sanangouya*, « cousins blagueurs », même s'ils ne se sont jamais vus. En vertu d'une vieille coutume, cette relation spéciale signifie qu'ils ont le droit de se taquiner et de s'insulter chaque fois qu'ils se rencontrent, en disant par exemple que A sent mauvais, que B est laid, et ainsi de suite. Parfois, les *sanangouya* n'ont même pas besoin d'avoir un nom de famille en commun pour s'amuser : un Kouyate peut blaguer avec un Keita, par exemple.

Le côté positif, c'est que les *sanangouya* peuvent aussi tirer un bénéfice tangible de leur « parenté ». Un policier se montrera plus indulgent avec un cousin blagueur ; un cousin blagueur sans domicile sera invité à habiter chez son « parent ».

Lao et *Xiou*

Quand vous connaîtrez un peu mieux vos homologues chinois, vous pourrez vous adresser à eux de manière détendue mais courtoise en utilisant leur nom de famille précédé de *Lao* (« vieux ») ou de *Xiou* (« jeune »). On commence à appeler les gens *Lao* à partir de 35 ans, donc ne le prenez pas mal si vous êtes *Lao* Dupont plutôt que *Xiou* Dupont. Consolez-vous : en Chine, on respecte les anciens.

4

Ça jette un froid
Ce qu'il ne faut pas dire

En général, quand vous voyagez, mieux vaut éviter de parler politique, sauf si vous vous contentez de poser des questions de pure curiosité. Dire aux gens qu'ils habitent un pays charmant ou intéressant fait toujours plaisir. Le sport est un autre sujet sans danger, mais attention aux étrangers qui connaissent mieux le football ou le rugby que vous ; ils vous trouveront peut-être un peu bête si vous n'êtes pas à la hauteur. Dans toutes les cultures, on se trompe rarement en abordant la famille et la nourriture : « Quels beaux enfants vous avez ! » ou « Ce gâteau au rat est délicieux » sont des moyens certains de toucher le cœur de vos hôtes…

Trop proches pour s'entendre

Soyez surtout prudent lorsque vous parlez des pays voisins. Pour exaspérer certains Irlandais, traitez-les de Britanniques ; pour taper sur les nerfs de certains Écossais, qualifiez-les d'Anglais. Quoi qu'ils disent, les Néo-Zélandais n'aiment pas être pris pour des Australiens, et les Canadiens ont horreur qu'on les croie venus des États-Unis (surtout s'ils portent un petit badge en forme de feuille d'érable). Les Indiens ne seront pas heureux si vous les confondez avec des Pakistanais, des Bangladais ou des Sri Lankais, tandis que les Boliviens n'apprécient guère qu'on fasse l'éloge des pays voisins puisqu'ils ont perdu des guerres contre chacun d'eux.

« Quel est le meilleur moyen de faire fortune ? demandent les Uruguayens. Achetez un Argentin au prix qu'il vaut, puis revendez-le au prix qu'il croit valoir. »

Made in the Republic of China

En Chine, évitez de parler des événements en cours et de tout ce qui prête à controverse. Parmi les sujets tabous, on trouve bien sûr le Tibet. N'appelez pas Taïwan la « République de Chine », ni surtout la « Chine libre ». Dans les pays arabes, n'employez pas l'expression « golfe Persique » ; beaucoup préfèrent dire « golfe Arabe » *(al-Khalij al-Arabi)*.

PSAL

Le sexe est un sujet tabou dans les pays musulmans, et les plaisanteries grivoises sont totalement exclues. Si l'on fait mention du Prophète Mahomet, à l'oral ou par écrit, il faut ajouter la formule « La paix soit avec lui », généralement abrégée en PSAL dans les communications écrites.

Smörgåsbordel

Critiquer le pays qu'on visite, même pour plaisanter, est une erreur : les Scandinaves, par exemple, en ont assez qu'on leur dise que le coût de la vie est très élevé chez eux. Ils le savent bien.

CE QU'IL NE FAUT PAS DIRE

Quelques erreurs à éviter dans la conversation

Afrique du Sud	dénoncer l'apartheid (aboli depuis plusieurs années)
Amérique latine	dire «les Américains» pour désigner uniquement les habitants de l'Amérique du Nord
Australie	parler avec mépris des aborigènes
Chine	évoquer les droits de l'homme, le Tibet, Taïwan, le sexe, la religion, la bureaucratie
Espagne	critiquer la corrida
États-Unis (sud)	parler du drapeau confédéré
Extrême-Orient	faire l'amalgame Japonais-Chinois-Coréens
Grèce, Chypre	demander du café turc
Inde	faire allusion à la pauvreté, au sexe, à l'assassinat des mariées insuffisamment dotées (voir p. 189)
Irlande	dire «la métropole» à propos de la Grande-Bretagne; inclure l'Irlande dans «les îles Britanniques»; demander pourquoi ils utilisent l'euro plutôt que la livre
Irlande du Nord	demander aux gens s'ils sont catholiques ou protestants
Mexique	dénoncer le népotisme
Nouvelle-Zélande	dire «la métropole» pour désigner l'île du Nord ou l'île du Sud; mal prononcer les noms de lieux maoris
Pays-Bas	appeler le pays «la Hollande» (ce qui est inexact et insultant pour ceux qui n'habitent pas les deux provinces hollandaises)
Russie	dénoncer la corruption, les contrats d'assassinat, etc.

À Rome...

... faites comme les Romains : ce conseil est toujours d'actualité, mais n'allez pas trop loin non plus. Imiter le comportement local peut vous rendre ridicule. Beaucoup d'Argentins appellent les garçons de café en faisant bruyamment claquer leurs lèvres, mais cela serait mal accepté de la part d'un étranger. Entre eux, les Australiens se saluent en disant *G'day*, mais ils peuvent avoir des réactions bizarres s'ils entendent des étrangers répéter ce *Good day* abrégé, surtout s'ils y détectent une pointe de moquerie ; aux États-Unis, dans le Sud profond, même chose avec l'usage du *y'all* (*you all*, « vous autres »).

À Singapour, la population locale parle le « singlish », créole à base d'anglais qui inclut aussi des éléments de chinois, de malais et d'anglais indien. Vous avez le droit d'essayer de comprendre ce langage urbain riche et argotique, avec ses *lah* et ses *mah* d'insistance en fin de phrase, son « n'est-ce pas ? » ajouté aux questions comme en Afrique du Sud, mais vous paraîtrez ridicule si vous dites *Dis guy Singlish si beh powderful wan – hoh seh liao, lah!* (« Ce type parle un parfait singlish ! »).

New Délit

La même prudence s'impose à propos de l'« hinglish », mélange d'hindi et d'anglais pratiqué dans les villes d'Inde (et qui se répand aujourd'hui en Grande-Bretagne). Cet idiome jadis colonial inclut maintenant des néologismes très modernes. Être *jungli*, c'est être inculte ; être *filmi*, c'est se comporter comme le personnage d'un film de Bollywood.

D'autres argots transculturels apparaissent partout ; mieux vaut les éviter. Pour les jeunes Thaïs branchés, *chill-chill* signifie « se détendre » ; *hiso* (de *high society*) signifie « snob ». N'oublions pas le langage hybride de Hongkong, le « honklish ».

Bâille bâille

Pour certains voyageurs, la tentation est grande de parler la langue du pays d'accueil, et cette démarche est souvent appréciée. Dans des pays comme le Danemark ou le Botswana, dont la langue a peu de chances d'être employée ailleurs, le *tak* ou le *dumela* le plus maladroit suscitera un sourire chez votre interlocuteur. Les Russes aiment aussi beaucoup qu'on tente de parler leur langue.

Dans d'autres cultures, plus orgueilleuses, un effort par trop laborieux risque d'agacer. À Paris, un garçon de café débordé s'impatientera s'il doit subir le français piteux de touristes américains. Les Français préfèrent qu'un étranger commence par s'excuser de ne pouvoir parler leur langue avant de continuer dans un anglais limpide. De même, dans les aéroports internationaux, la mine lasse du serveur montrera parfois qu'il préférerait vous entendre dire *thank you* ou *merci* au lieu d'hésiter une minute entre *gracias* et *obrigado*.

Le risque d'erreur grave est toujours présent, surtout dans des langues comme le chinois ou le japonais, où il est capital de bien prononcer les mots. Votre phrase soigneusement préparée finit par signifier tout autre chose, comme le jour où un Américain remercia ses hôtes chinois en déclarant : « Merci beaucoup pour ce dîner. J'ai tellement mangé que je dois desserrer ma ceinture. » Une accentuation déficiente lui fit dire : « Merci beaucoup pour mon dîner. La selle de votre âne a une ceinture détachée. »

> ### *In French, please*
>
> *Les Français sont connus pour leur attachement à leur langue qui fut, du XVIᵉ siècle jusqu'au début du XXᵉ, la* lingua franca *de la diplomatie internationale et des élites cultivées. En 1635, le cardinal de Richelieu fonda l'Académie française, dans le but de fixer des règles claires et de préserver la pureté de la langue. Les patois régionaux furent bannis ; les enfants étaient parfois fouettés lorsqu'ils les employaient en classe. Depuis 1994, la « loi Toubon » impose que toutes les descriptions, publicités, instructions et enseignes présentes sur le territoire soient rédigées en français. La firme anglaise de cosmétiques Body Shop a ainsi dû acquitter une amende en 1996 pour avoir utilisé les termes* no frizz *(« pas de frisure ») sur un flacon de shampooing et* pineapple *(« ananas ») sur une lotion.*

J'attends patiemment

En France, les questions du genre « Êtes-vous marié ? » et « Avez-vous des enfants ? » sont considérées comme trop personnelles pour une première rencontre. Mais, dans le monde arabe, elles semblent tout à fait appropriées. De même, en Asie, vous pouvez demander aux gens leur âge, celui de leur conjoint et même le prix de la montre qu'ils ont au poignet, autant de sujets qu'il vaut mieux éviter en Amérique du Nord, pourtant supposée plus désinvolte. En Extrême-Orient, les questions peuvent même être plus indiscrètes encore. « Combien gagnez-vous par mois ? » ou

«Combien de pièces y a-t-il chez vous?»: cette curiosité est jugée tout à fait légitime au Viêtnam, au Japon ou aux Philippines.

En Afrique, vous devrez peut-être bien accueillir non seulement des questions du type «Êtes-vous marié?», mais aussi des conseils. «Pourquoi n'êtes-vous pas marié?» peut entraîner une litanie sur le thème: «Il faut vous marier. Il faut avoir des enfants. Qui héritera de votre maison, de votre voiture?», etc. Dans les pays musulmans, il existe au moins une réponse commode à ce genre d'interrogatoire: «Allah ne m'a pas encore accordé cette bénédiction. J'attends patiemment.»

Sabra

Les Israéliens sont connus pour leur franchise. Ils pourront vous poser des questions très personnelles, mais également les compléter aussitôt par des conseils. «Combien vous a coûté ce costume?» peut être suivi par «C'était trop cher». Ne vous laissez pas désarçonner par ce genre de réflexion: les juifs nés en Israël se qualifient eux-mêmes de *sabra*, du nom du figuier de Barbarie, piquant à l'extérieur, mais très doux à l'intérieur.

Blin

Pour ceux d'entre nous qui ont l'habitude d'entendre les gens jurer à la moindre occasion ou se montrer délibérément grossiers afin de prouver qu'ils sont sincères, dans le coup, malins ou Dieu sait quoi d'autre, il peut être difficile de comprendre que les gros mots sont inacceptables dans de nombreuses cultures, surtout dans une assemblée d'hommes et de femmes. Même en Russie, où on ne mâche pas ses mots, une femme n'emploiera jamais un juron; elle aura plutôt recours à *blin* («crêpe», le singulier de *blini*), équivalent de «flûte» ou «mince».

Les mots magiques

Dans beaucoup de langues africaines, il n'existe pas de mots signifiant «s'il vous plaît» ou «merci», mais cela n'est pas la marque d'une impolitesse innée; c'est plutôt que ces termes paraissent superflus entre individus déjà unis par l'obligation de se rendre service les uns aux autres. Même chose en Allemagne et en Scandinavie, où il semble inutile de faire tant de chichis. Dans tous ces pays, il est facile d'en venir à trouver tout le monde impoli, alors que leurs habitants pensent simplement être clairs et directs.

Drôles de barbus

Certaines cultures ont recours à la taquinerie pour lier amitié. Les Argentins peuvent se montrer étonnamment narquois à propos de votre poids ou de vos vêtements: n'en prenez pas ombrage, cela signifie seulement qu'ils se détendent avec vous. Les Australiens se permettent aussi toutes sortes de choses. Ne vous énervez pas, répliquez-leur sur le même ton, mais restez prudent. Un Australien a le droit d'adresser des sarcasmes à un Anglais, d'ironiser sur sa bière tiède, son climat pourri ou sa lamentable équipe de cricket; mais que l'Anglais se permette de critiquer le vin, la culture ou les compétences sportives des Australiens et la plaisanterie risque de s'arrêter net.

Soyez tout aussi prudent s'agissant de cultures qui aiment à se déprécier elles-mêmes. Un Israélien de Tel-Aviv à l'esprit ouvert a le droit de ricaner au sujet des « drôles de barbus » de Jérusalem, un Égyptien peut rire de la pesanteur de sa bureaucratie, mais si vous plaisantez sur ces questions, c'est à vos risques et périls.

Divisés par une langue commune

N'oubliez jamais qu'au sein d'une même langue les mots changent de sens selon l'endroit. En Espagne, *adios* signifie « au revoir » ; à Cuba, ce mot s'emploie dans la rue pour dire « salut » aux passants. Au Québec, on se dit « bonjour » quand on se quitte. En Espagne, une *tortilla* est une grosse omelette aux pommes de terre ; au Mexique, c'est la galette plate dans laquelle vous enveloppez la nourriture. Au Portugal, *bicha* signifie « file d'attente, queue » ; au Brésil, le mot veut dire « homosexuel ». Si vous êtes *constipado* à Lisbonne, vous êtes enrhumé ; à Rio cela signifie que vous aurez tout le temps de lire le journal en privé. Parlez de *great crack* à Dublin, on saura que vous passez un bon moment ; à Detroit on croira que vous essayez de vendre de la cocaïne.

Great pants

Les pires malentendus entre l'Ancien et le Nouveau Monde tiennent à la « relation spéciale » qui unit le Royaume-Uni aux États-Unis. Les Britanniques voyageant en Amérique doivent éviter de demander *Excuse me, could I bum a fag off you?* qui revient pour eux à vouloir emprunter une cigarette, mais qui suppose aux États-Unis un rapprochement physique bien plus poussé entre deux hommes. Inversement, les Américains ne doivent pas oublier que *pants* ne désigne pas en Angleterre ces pantalons que les Anglais appellent *trousers*, mais plutôt les sous-vêtements. De même, *fanny* ne désigne pas en Angleterre le postérieur, mais une partie bien plus intime du corps féminin. Complimenter un Anglais sur ses *pants* ou entrer dans un drugstore pour demander un *fanny pack* (aux États-Unis c'est une ceinture où l'on peut ranger son porte-monnaie) peut attirer des regards inquiets ou des gloussements irrépressibles.

Merci pour votre papier-toilette

Les Japonais ont importé de Chine leur système d'écriture, d'où des confusions possibles : l'idéogramme (ou kanji*) signifiant « merci » en japonais ressemble à celui qui signifie « désastreux » en chinois ; « fille » en japonais ressemble fort à « mère » en chinois ; « lettre » en japonais ressemble beaucoup à « papier toilette » en chinois.*

Une bonne racine

La plupart des pires impairs interculturels sont liés à l'emploi involontaire de termes ayant en argot une connotation sexuelle. L'Anglais qui annonce à des Australiens son intention de *root* («soutenir») leur équipe s'expose à un malentendu : *root* désigne en argot australien une relation sexuelle (*a good root* ne renvoie pas au navet ou à quelque autre racine). Au Brésil, si vous dites *Caliente, no?* à un charmant jeune couple, vous formulez un commentaire innocent sur le temps qu'il fait ; en Espagne, l'homme croira que vous avez des vues sur sa fiancée. De même, si vous demandez à un Allemand *Bist du heiss?* (littéralement : «As-tu chaud ?»), il ne pensera pas que vous l'interrogez sur sa température corporelle.

5

Chaussettes blanches et chrysanthèmes
Vêtements et cadeaux

Vos habits envoient un message fort aux gens que vous rencontrez pour la première fois. Veillez donc à ce que le message ne soit pas interprété différemment à l'étranger. En Grande-Bretagne l'homme qui porte des chaussettes blanches en dehors d'un contexte sportif sera jugé de mauvais goût, mais en Suisse même les hommes d'affaires les plus austères en portent avec leur costume trois pièces. À Stockholm un homme en pull rose paraît élégant; dans un bar de l'Alabama on le juge efféminé. En Arabie Saoudite le cadre dynamique qui arrive des États-Unis avec sa cravate ornée de cochons volants soulèvera l'indignation de ses hôtes : le porc est un animal impur dans le monde musulman.

Bohème chic

Dans de nombreuses cultures, les habits que vous portez reflètent votre statut social. Les Anglais qui vont à leur bureau vêtus d'un costume froissé et chaussés de baskets sales doivent se rappeler qu'ils seront jugés sur leur apparence dans des pays comme la Belgique, la Turquie ou le Brésil, où la tenue vestimentaire compte. Dans les pays arabes et dans de nombreux pays d'Afrique, le concept de « chic bohème » est incompréhensible : les gens n'admettront pas qu'une personne aisée s'habille délibérément mal. Si vous avez les moyens de vous payer une tenue élégante, pourquoi ne pas en porter?

Bella, bella

En Italie, le concept de *bella figura* est presque une caractéristique nationale. Les Italiens veulent se présenter à tout moment sous leur meilleur jour; les femmes s'habillent avec soin et se maquillent, même pour aller faire les courses. Les soirs d'été, dans le *centro storico* des villes de tout le pays, la coutume de la *passeggiata* est l'occasion de parader en exhibant ses nouvelles chaussures ou sa nouvelle petite amie. Les touristes ne sont pas censés s'y mêler, mais si vous séjournez en Italie assez longtemps, vous serez davantage pris au sérieux si vous essayez au moins de proposer votre propre version de la *bella figura*. Les Italiens remarquent toujours les chaussures: cirez bien les vôtres.

Provocation

Pour les femmes, la liberté vestimentaire est loin d'être acquise dans le monde entier. Il va sans dire que les jupes courtes et les décolletés sont hors de question dans les pays musulmans. En Arabie Saoudite, ce genre de tenue peut vous valoir un coup de bâton dans les tibias de la part d'un mollah, avec le soutien possible de la *Muttawa* (police religieuse). Les hauts sans manches sont un peu limite, et même les pantalons doivent être cachés sous une longue tunique dissimulant les hanches.

Mais n'allez pas jusqu'à adopter la tenue locale. Si une Occidentale adopte le tchador ou l'*abaya* (la robe noire traditionnelle), on supposera qu'elle est mariée à un ressortissant du Golfe ou qu'elle en a l'intention.

La *Muttawa*

La redoutable police religieuse saoudienne (également appelée Comité de promotion de la vertu et de prévention du vice) a le pouvoir d'imposer le respect absolu de la charia, *les lois fondamentalistes du pays. Ses membres parcourent les rues du royaume pour vérifier la tenue vestimentaire et la séparation entre hommes et femmes, et veillent à ce que les prières soient dites à l'heure. En mars 2002, la* Muttawa *a suscité une contestation sans précédent en empêchant des écolières de quitter un bâtiment en flammes à La Mecque, sous prétexte qu'elles n'étaient pas correctement vêtues. Quinze jeunes filles sont mortes et plus de cinquante autres ont été blessées dans l'incendie.*

Se fondre dans la masse ?

S'habiller comme la population locale peut être une bonne idée, mais n'en faites pas trop. Vous pouvez revêtir la chemise décorée, à demi transparente, qu'on appelle aux Philippines *barong Tagalog*, tout comme, en Indonésie, la chemise en batik à col ouvert et à manches longues. Les Birmans disent apprécier l'effort que font certains Occidentaux pour adopter le *longhi*, cette jupe traditionnelle pour hommes (tandis que, de leur côté, ils adoptent les jeans fabriqués en Chine), et au Pakistan une femme a tout à fait le droit de se mettre à porter la *shalwar kamiz* aux allures de pyjama ample.

Pourtant le risque d'offenser ou de paraître ridicule est toujours présent. En Amérique du Sud, personne ne sera impressionné en voyant arriver pour un *asado* (barbecue) un Européen déguisé en gaucho ou en tenue amérindienne. Au Togo, tout le monde rira de vous voir arborer autour du cou des perles indigènes, faites pour retenir une jupe à la taille : c'est un peu comme si vous vous mettiez votre petite culotte sur la tête.

Les patins !

Jadis, en Angleterre, il était interdit de porter des chaussures marron avec un costume sombre. Mais, dans de nombreuses parties du monde, que vous portiez des brodequins noirs, des baskets blanches ou des derbys en imitation croco, c'est le fait de rester chaussé qui scandalise, plus que l'aspect de ce que vous avez aux pieds. Dans la plupart des foyers arabes, un invité doit se déchausser avant d'entrer : vous vous en rendrez compte en apercevant une pile de souliers à la porte. Déchaussez-vous toujours dans les mosquées et les temples bouddhistes, mais ne posez pas vos chaussures n'importe comment : réunissez la paire face à la porte par où vous êtes arrivé. Avant d'entrer chez des Japonais, laissez vos chaussures dans le *genkan* (la zone située à l'extérieur de la porte), la pointe vers la sortie. On vous donnera des sandales pour aller de la porte principale au salon, où vous les ôterez avant de marcher sur le *tatami* (natte de jonc). Pour aller aux toilettes, on vous remettra des sandales exclusivement réservées à cet usage.

Dans ce genre de pays, il vaut toujours mieux porter des chaussettes propres et en parfait état. Avant de partir, vérifiez que vous avez récupéré les bonnes chaussures: il est facile de se tromper et vous serez bien ennuyé si vous découvrez seulement une fois de retour à votre hôtel que vous avez emporté les croquenots de M. Yamazaki.

Pieds chinois

En Occident on trouve ringard de mettre des chaussettes avec des sandales, mais en Chine elles sont de rigueur. Les pieds nus, même dans les chaussures les plus stylées, sont inacceptables.

Look tchèque

Selon Ladislav Spacek, ex-porte-parole du président Vaclav Havel et coauteur en 2005 d'un guide de l'étiquette tchèque, quarante ans de communisme ont privé les Tchèques de tout sens du style et du bon ton. «Ce fut un recul considérable. Sous le communisme, les gens ne portaient plus que des survêtements et des blouses.» Parmi les conseils vestimentaires que Spacek adresse à ses compatriotes: «Il faut toujours porter son chapeau légèrement penché sur le côté», «Si la fermeture de la robe d'une dame s'est défaite, signalez-le avec tact à l'intéressée » et *« Les manteaux de fourrure ne vont pas à tout le monde, surtout pas aux hommes. »*

L'imparfait du présent

Faut-il ou non offrir des cadeaux lorsqu'on est à l'étranger ? Voilà encore un sujet litigieux. Dans certains pays, comme le Japon, c'est pratiquement indispensable. Dans d'autres, comme les Pays-Bas, apporter un cadeau à son hôte ou à un partenaire commercial paraîtra superflu et sera considéré comme une perte de temps et d'argent de votre part. Entre ces deux extrêmes, on trouvera bien des degrés d'obligation et quantité de pièges…

Coupe-papier et horloges anciennes

Il y a peu de chances que vous ayez envie d'offrir un couteau ou une paire de ciseaux, mais si vous voyez là une idée excellente, sachez que dans des parties du monde aussi diverses que la Chine et l'Amérique du Sud ces objets symbolisent la rupture de vos relations amicales ou professionnelles. Au Brésil, en Argentine et au Pérou, les mouchoirs sont signe d'affliction, et pour les Chinois vous pouvez ajouter les sandales de paille et les horloges : autant d'objets associés aux funérailles. Si vous offrez une horloge à un Cantonais rural superstitieux, il pensera peut-être que vous comptez les secondes en attendant sa mort.

Made in Bordeaux

N'oubliez pas où vous êtes lorsque vous choisissez votre cadeau. L'Amérique du Sud regorge d'objets bon marché en cuir, donc un joli portefeuille n'aura rien d'extraordinaire. Les Coréens ne seront pas impressionnés par un présent *made in Korea*. Pour un étranger, apporter du vin à des Français n'est pas une bonne idée : les hôtes se sentiront obligés de servir la bouteille en question. Si le vin n'est pas fameux ou, pire encore, s'il vient du Nouveau Monde, on aura pitié du malheureux qui a fait ce choix saugrenu. Si la bouteille est hors de prix, elle écrasera le cépage plus modeste que votre hôte est fier d'être le seul à avoir su dénicher.

Insultes hautes en couleur

Faites également attention aux croyances religieuses et aux superstitions de votre pays de destination. L'alcool est exclu dans les pays musulmans ; même chose concernant les objets de cuir en Inde, où les vaches sont sacrées. D'autres cultures attachent une grande importance aux couleurs. Le rouge, l'or et l'argent portent bonheur en Chine ; le noir et le blanc sont associés aux enterrements, le bleu est la couleur du deuil, le vert porte malheur et un présent emballé dans du papier jaune avec des inscriptions noires ne peut être offert qu'aux morts. Le meilleur moyen d'éviter les ennuis est d'acheter une fois sur place et de faire emballer dans une boutique locale.

Pour 19,99 dollars, t'as plus rien

Soyez très prudent si le contexte de votre générosité est commercial ou politique. Dans des pays comme la Malaisie ou le Paraguay, où la corruption est un fléau reconnu, tout cadeau susceptible de passer pour un dessous-de-table sera mal vu. En Chine et à Singapour les fonctionnaires n'ont pas le droit d'accepter le moindre présent, et le gouvernement des États-Unis limite à 20 dollars la valeur des cadeaux que sont susceptibles de recevoir ses employés.

Ne le dites surtout pas avec des fleurs

Vous croyez peut-être qu'un bouquet enchantera la charmante hôtesse qui vous a invité à dîner, mais attention : dans de nombreux pays, certaines variétés, certaines couleurs et même certains nombres sont malvenus. Les lis sont associés aux enterrements du Costa Rica jusqu'aux Philippines, et les chrysanthèmes évoquent la mort en Belgique, en Italie, en France, en Espagne et en Turquie. En voici d'autres exemples :

roses rouges	Autriche, France, Allemagne, Philippines	suggère une liaison amoureuse trop personnel
dahlias	Espagne	associés à la mort
frangipanier	Singapour, Malaisie, Inde	associé à la mort

soucis et œillets	Thaïlande, Suède, Pologne, Allemagne	utilisés pour les enterrements
œillets rouges	Autriche	réservés au 1er Mai
violet ou jaune	Bolivie	utilisé pour les enterrements signe de mépris
tout ce qui est jaune	Mexique, Chili, Europe de l'Est Russie, Iran	chagrin ou séparation indique le déplaisir, la haine
tout ce qui est blanc	Japon	associé à la mort
tout ce qui est jaune; rouge; blanc	Mexique	connote la mort attire le mauvais sort conjure le mauvais sort
nombre pair	Allemagne, Japon, Autriche, Inde, Turquie, Russie	porte malheur réservé aux enterrements
nombre impair	Chine, Taïwan, Indonésie	porte malheur
emballage papier	Suède, Allemagne, Pologne	jugé grossier
tout à part les roses	Pérou	paraît mesquin
les fleurs en général	Kenya, Tanzanie	réservées aux condoléances

Ce n'est rien

Au Japon, les cadeaux sont un élément clé de la vie, comme en témoigne la langue même : au lieu de dire « Vous m'avez aidé », on dit « Je reçois le cadeau de votre aide ». Les Japonais échangent des présents pour le

Nouvel An, à un moment particulier de l'été, pour les anniversaires et en de nombreuses autres occasions. Si vous séjournez chez des Japonais ou travaillez avec eux, ils s'attendront à un échange de babioles. Ne précipitez pas les choses mais, si votre hôte vous remet un cadeau, vous devez lui rendre la pareille le plus vite possible.

Votre présent doit se trouver dans une boîte et être joliment emballé, de préférence dans du papier de couleur pastel. Suite aux scandales récents liés à des affaires de corruption, mieux vaut éviter les cadeaux trop coûteux dans un contexte commercial : choisissez un objet simple et de bon goût. Tendez votre paquet des deux mains, en laissant entendre qu'il s'agit de bien peu de chose par rapport à la relation que vous honorez ainsi. Vos homologues japonais en feront autant, en employant peut-être l'expression *Tsumaranai mon* (« Ce n'est rien ») ou en suggérant que ce lecteur MP3 plaqué or qu'ils viennent de vous remettre n'a rien d'extraordinaire. Si votre cadeau est destiné à un individu, donnez-le en privé ; pour un groupe, réunissez tous les membres et offrez quelque chose à chacun. Remettre un cadeau à un seul membre au nom de tous les autres paraîtrait grossier.

Un petit quelque chose

On compte trente-sept occasions distinctes pendant (et après) la vie d'un Japonais pour lui offrir un cadeau : naissance, premier Nouvel An du bébé, premier anniversaire, entrée à l'école, passage en classe supérieure, diplôme, majorité, premier emploi, mariage, grossesse, retraite, longévité (à 61, 70, 77, 80, 88, 90 et 99 ans), funérailles, hoji *(office religieux en mémoire du défunt) et anniversaire de la mort.*

Il ne fallait pas

Donner – et recevoir – des cadeaux de la main droite ou des deux mains est important dans tout le Moyen-Orient et en Asie ; en Chine, comme à Hongkong ou au Japon, les deux mains sont de rigueur.

En Chine, à Hongkong et à Singapour, on peut « refuser avec grâce » un cadeau trois fois avant de l'accepter ; idéalement, vous devez en faire autant. Dans tous ces pays, ainsi qu'au Japon, n'encouragez jamais le destinataire par un « Allez, regardez donc ! ». La déception possible lorsqu'on reçoit un cadeau inutile ou désagréable pourrait pousser votre ami asiatique à perdre la face. Dans de nombreux autres pays, du Chili à la Suède, il est d'usage qu'on ouvre le paquet devant vous et qu'on se confonde en remerciements, même si le destinataire du cadeau déteste en secret ce livre sur papier glacé plein de superbes photos de votre ville natale.

Kiondo

Au Kenya, si vous apportez un cadeau pour remercier votre hôte de vous avoir invité à un repas, vous marquerez des points si vous placez l'objet dans un *kiondo*, un sac traditionnel tressé en sisal et souvent décoré de perles de verre. À la fin de la soirée, on vous rendra votre *kiondo* avec un petit cadeau à l'intérieur, et peut-être même quelques restes du repas que vous venez de partager.

Ce qu'il faut et ce qu'il ne faut pas acheter

	Bon cadeau	*Mauvais cadeau*
Argentine	du bon whisky (scotch *single malt*) ; pour une femme, du parfum	un couteau dans un étui en cuir avec le logo d'une marque
Brésil	un repas au restaurant ; une bouteille de bon vin français ; des orchidées	une bouteille de *cacacha* (l'alcool local à base de canne à sucre)
Chine	un banquet ; du bon cognac, un beau stylo (mais pas avec de l'encre rouge)	une horloge
Colombie	une bonne liqueur, un alcool	tout ce qui porte le logo d'une marque (ça paraît mesquin)
Corée	du ginseng américain	tout ce qui est *made in Korea*
France	des fleurs, des chocolats	une bouteille de vin (américain surtout) ; tout ce qui porte un logo
Inde	une belle boîte de pâtisseries	une ceinture ou une veste en cuir
Japon	un bon cognac, un bon whisky ; un joli stylo	un beau couteau gravé (suggère la séparation)

Mexique	fleurs, chocolats, vin européen	un objet en argent (trop courant)
Pays arabes	une jolie boussole (utile pour trouver La Mecque)	un portefeuille en peau de porc; une gravure érotique; du cognac; un chien
Russie	un CD, une caisse de bon vin	une bouteille de vodka
Venezuela	des orchidées (la fleur nationale); des bijoux en or	des mouchoirs (symbole de tristesse)

Grandes marques

Même si les cadeaux arborant le sigle d'une marque sont souvent mal vus, les produits «griffés» sont très bien accueillis, surtout s'ils viennent des grands magasins londoniens. Un pot de fruits confits de chez Fortnum & Mason ou une boîte de biscuits de Harrod's, avec une image du magasin dessus, peuvent être exactement ce qu'il vous faut pour faire impression, des Antilles jusqu'à Kyoto. Et beaucoup de ces magasins ont des points de vente dans les aéroports.

Insulte au drapeau

En février 1989, à l'occasion de la visite officielle de George Bush père, le Premier ministre Li Peng offrit un vélo au président américain, qui adorait les bicyclettes et qui avait évoqué avec émotion l'époque où il faisait du vélo alors qu'il était ambassadeur des États-Unis en Chine. En retour, Bush offrit à Li Peng une paire de bottes de cow-boy, avec le drapeau chinois sur une semelle et le drapeau américain sur l'autre. Mais en Asie, bien sûr, la semelle des chaussures est considérée comme la partie du corps la plus vile et la plus impure.

6

Oogy wawa !
Boire et trinquer

Pour célébrer une rencontre, consolider une amitié ou fêter la réussite d'une négociation commerciale, on trinque dans presque toutes les cultures, même celles où l'alcool est interdit (dans les pays islamiques, on vous proposera du thé ou du café). S'il suffisait simplement de lever son verre et de le porter jusqu'à ses lèvres…

Zizi

Attention à ce que vous dites en trinquant. «Tchin-tchin» est bienvenu en Galice, en Toscane ou même dans un pub de Londres, mais mieux vaut l'éviter à Tokyo, où cette expression est celle qu'une mère peut employer à l'heure du bain de son petit garçon pour désigner une partie essentielle de son anatomie.

Crâne !

Porter un toast consiste généralement à souhaiter une bonne santé ou une longue vie aux amis ou connaissances qui vous entourent. Le terme scandinave *Skål* est plus sinistre, puisqu'il renvoie à la coutume viking qui consistait à boire dans le crâne vide d'un ennemi récemment vaincu. Pour bien trinquer, vous devez lever votre verre en arc de cercle, de la taille jusqu'aux lèvres, en regardant votre hôte droit dans les yeux. Dites ensuite *Skål!*, buvez et agitez le verre devant le visage de votre hôte, avant de le reposer sur la table, sans jamais interrompre le contact oculaire. Si vous êtes dans un groupe, même si votre verre est rempli et vous nargue sur la table, vous devez attendre que votre hôte ait dit *Skål!* avant de boire.

La panne

Il existe partout des variantes locales. En Suisse, il faut faire tinter son verre contre ceux de tous les autres avant de boire. Au Japon, il ne faut jamais remplir son verre soi-même ; attendez que votre voisin vous le propose, puis rendez-lui la pareille quand le sien est à moitié vidé. En Chine, si votre hôte propose de porter un toast, vous devez immédiatement riposter en en proposant un autre. En Allemagne, une vieille superstition veut que si vous ne regardez pas dans les yeux de la personne avec qui vous trinquez, cela vous vaudra sept années de relations sexuelles déplorables.

Les bonnes lunettes

En allemand, «À votre santé!» a pour équivalents évidents *Prost!* (pour la bière) et *Zum Wohl!* (pour le vin). Mais les toasts personnalisés peuvent être plus longs ou plus cérémonieux : *Ich möchte einen Toast auf Hermann ausbringen!* («J'aimerais proposer de boire à la santé de Hermann!»). En certaines occasions, on a recours à des formules plus élaborées et non dénuées d'humour :

– *Hoffentlich hast du soviel Spaß an deinem Geburtstag, daß du ihn von nun an jährlich feierst!* («J'espère que tu t'amuses tellement pour ton anniversaire que tu voudras désormais le fêter chaque année!»)

– *Hundert Jahren sollst du leben und dich freuen, und dann noch ein extra Jahr – zum Bereuen!* («Puisses-tu vivre cent ans, avec une année supplémentaire pour te repentir!»)

– *Das Leben ist bezaubernd, man muß es nur durch die richtige Brille sehen!* («La vie est merveilleuse, il suffit de la regarder à travers les bonnes lunettes!»)

Détail intéressant, beaucoup de ces toasts allemands viennent d'Irlande, où la capacité d'invention en la matière est sans égale : «Puisses-tu vivre aussi longtemps que tu en as envie, et ne jamais connaître l'envie aussi longtemps que tu vivras!», «Que le Seigneur te tienne dans sa main, mais sans jamais serrer le poing trop fort», «Si tu as la chance d'être irlandais, tu as déjà bien assez de chance!».

Tamada

En Géorgie et en Azerbaïdjan, on trinque souvent tout au long du repas. Ce n'est pas une affaire qu'on laisse au hasard, surtout au cours d'un *supra* (festin). Un individu se voit confier (ou s'attribue) le rôle de *tamada* (littéralement «père de tous») ou maître des toasts. Le *tamada* doit connaître tous les convives et présenter chacun d'eux avec des éloges dûment exagérés, en vantant sa réussite professionnelle, sa compassion pour les malheureux, son talent de cuisinier ou toute autre caractéristique. Parfois, cela peut prendre la forme d'une petite histoire à la chute surprenante, qui fait allusion à la personne pour qui l'on trinque. Chaque toast peut durer de dix à quinze minutes et, comme il en faut un pour chacun des participants, cela peut prendre des heures. En tant que visiteur, cet honneur vous reviendra en premier; traditionnellement, on passe alors aux *aqsaqqals* («hommes à la barbe blanche») et aux *aghbircheks* («femmes aux tempes blanches»), et ainsi de suite par ordre d'importance. Après avoir entendu chanter vos louanges, veillez à garder le silence pendant le reste de la cérémonie. Parler à son voisin ou même boire pendant un toast est considéré comme impoli.

Shine et le *Titanic*

Chez les Jamaïcains et les Afro-Américains, les « toasts » ont un sens quelque peu différent. Les toasts jamaïcains sont les paroles que les MC ajoutent à la musique, allant des couinements et hurlements jusqu'aux commentaires développés ou aux histoires improvisées, souvent rythmées à la manière du rap. Les toasts afro-américains évoquent des légendes propres aux Noirs. Un toast célèbre, Shine and the Titanic, *fait ainsi référence aux efforts héroïques de Shine, chargeur à bord du navire fatal, pour prévenir le capitaine du désastre imminent. Les toasts modernes ont trait aux personnalités les plus en vue au sein de la communauté locale.*

Les fesses en l'air !

Bien que de nombreux toasts déclinent l'idée de bonne santé, tous n'ont pas cette signification. Au cri japonais *Banzai* («Longue vie!») fait écho en yiddish *Le Chaim* («À la vie!»). «Cul sec!» a des équivalents dans le monde entier. En Grèce, *Aspro pato* signifie «fond blanc» (celui du verre); en Slovaquie, on dit *Az do dna*, qui signifie à peu près «Jusqu'au fond»; à Hawaii, *Okole maluna* se traduit mot à mot par «Les fesses en l'air».

On trinque souvent de la même façon dans les pays voisins, malgré les hostilités qui ont pu les opposer historiquement. *Skål*! par exemple, est employé au Danemark, en Suède, en Norvège et en Islande (mais dans ce dernier pays on peut également dire *Samtaka nu*).

On dit *Na zdarovie* en Russie, *Na zdrowie* en Pologne, *Na zdrave* en Bulgarie, *Na zdraví* en République tchèque, *Na zdravie* en Slovaquie et *U zdravlje* en Serbie. Différentes versions de *Salud!* ou *Salut!* fonctionnent à travers le sud de l'Europe et en Amérique du Sud : *Salute!* en Italie, *Salud!* en Espagne, au Mexique et dans toute l'Amérique latine hispanophone, et *(A Sua) Saúde!*, moins abrupt, au Portugal et au Brésil. Aux Pays-Bas, deux solutions sont possibles : *(Op uw) gezondheid!*, qu'utilisent aussi les Belges flamands et les Afrikaners d'Afrique du Sud ; *Proost!*, qui devient *Prost!* en Allemagne et en Autriche.

Autres formules

arménien	*Genatzt*
basque	*Topa*
bengali	*Joy*
chinois	*Kong chien / Wen lie / Ganbei*
coréen	*Konbe / Kong gang ul wi-ha yo*
finlandais	*Kippis*
géorgien	*Gaumarjos*
grec	*Yamos / Iss Ighian* (vieilli) */ Gia Sou*
groenlandais	*Kasugta*
hawaiien	*Hipahipa / Hauoli maoli / Okole maluna*
hindi	*Apki lambi umar ke liye / Mubarik*
hongrois	*Kedves egészségére*
indonésien	*Selamat minum*
maori (Nouvelle-Zélande)	*Kia-ora*
thaï	*Chai-yo*
turc	*Serefe*
zoulou	*Oogy wawa*

Aux dames

En Russie, le deuxième toast est généralement *Za jenchtchin* («Aux dames»). Même si cela paraît un peu dater d'une autre époque, vos hôtes apprécieront que vous ayez fait l'effort d'apprendre cette formule en VO.

Le toast silencieux

Dans la marine des États-Unis, la tradition veut qu'on ne trinque jamais avec de l'eau, car cela condamne l'intéressé à une tombe liquide. En Grande-Bretagne, la Royal Navy porte un toast « à la mémoire immor-

telle» chaque 21 octobre pour commémorer la victoire de l'amiral Nelson à Trafalgar en 1805 (et la défaite des Français et des Espagnols). Après avoir prononcé les mots The Immortal Memory of Nelson and those who fell with him *(«À la mémoire immortelle de Nelson et de ceux qui ont péri avec lui») ou simplement* The Immortal Memory, *chacun vide son verre dans le silence le plus complet.*

Je ne suis pas aussi croyé…

En Finlande, en Pologne et en Russie, l'eau-de-vie est la boisson de choix. Vos hôtes vous proposeront de la vodka et s'attendront à ce que vous deveniez ivre, mais ils vous admireront si vous vous avérez avoir la tête plus solide qu'eux. En Russie, rappelez-vous qu'une fois une bouteille de vodka ouverte, il faut la finir, et que trinquer revient à vider tout son verre. «Tu me *rezbecte*?» vous demandera votre hôte éméché tout en proposant un nouveau toast. Si vous voulez au moins essayer de rester sobre, veillez à manger beaucoup de *zakouski* entre deux verres.

En Grande-Bretagne, en Irlande, en Australie et dans certaines régions des États-Unis existe une attitude similaire. Plus d'une conversation de comptoir roule sur les extravagances de la dernière beuverie et sur des ivrognes légendaires comme Peter O'Toole, évoqués avec une vive admiration.

... que vous le bourrez!

Plus au sud, les Européens se montrent plus discrets. Un dîner français peut s'articuler autour d'une ou deux bonnes bouteilles, mais lorsqu'elles sont terminées, on passe sans problème aux tisanes. Se gâter le palais avec un martini avant le repas est très mal vu : l'apéritif doit être au même niveau que le vin qui va suivre. En Italie, l'ivrognerie est considérée comme une faute de goût suprême, même si la jeune génération a tendance à imiter les pratiques en vigueur dans le nord de l'Europe : on voit désormais du verre cassé et des flaques de vomi dans des rues où ne se déroulait jadis qu'une *passeggiata* du meilleur ton.

Suiyi!

Les Chinois aiment vous faire boire beaucoup. Si vous ne voulez pas suivre le *Ganbei!* en vidant votre verre d'un trait, dites *Suiyi!* («Comme vous voudrez!»), qui vous permet d'en siroter le contenu.

La main gauche

L'Amérique latine recèle toutes sortes de tabous étranges quant à la manière de servir le vin, donc mieux vaut attendre qu'on vous remplisse votre verre. Se servir de la main gauche est considéré comme grossier, tout comme tenir la bouteille par en dessous.

C'est ma tournée

Si vous êtes avec un groupe d'Australiens (ou de Britanniques), n'oubliez pas de payer une tournée. Ceux qui boivent peu ou pas du tout n'ont pas à s'inquiéter : il s'agit de partager, pas de se saouler à tout prix, et tant que vous offrez à chacun ce qu'il veut, vous avez parfaitement le droit de vous en tenir au jus d'orange pendant toute la soirée.

Les habitués savent qu'il est prudent d'être parmi les premiers, avant que la facture ne devienne prohibitive à mesure que le groupe augmente. Le seul risque de cette ruse est de devoir payer une seconde tournée si vous êtes encore là quand le tour de la table aura été fait. Un autre moyen d'économiser votre argent est de proposer une tournée tant que les gens ont encore un verre à moitié plein : certains feront signe qu'ils n'ont besoin de rien, même si les autres préfèrent aligner les verres. Essayer de passer votre tour serait une très mauvaise idée. Celui qui prétend devoir se coucher tôt ou avoir un rendez-vous juste avant son tour est toujours remarqué par le reste du groupe. Dès qu'il sera parti, il en prendra pour son grade et sera définitivement considéré comme un rapiat à surveiller de près.

Il arrive que quelqu'un décide de payer à boire à tous les clients du bar. C'est le cas de ceux qui veulent faire la fête parce qu'ils viennent de toucher le pactole, de ceux qui ont tellement bu qu'ils ont perdu la tête – et de ceux qui se trouvent dans un bar désert.

Qui paye ?

Attention : dans de nombreux pays (en Inde, au Ghana, au Mexique, pour n'en nommer que trois), si vous proposez un verre, on supposera que vous vous engagez à payer. Inviter quelqu'un en pensant qu'il paiera ses consommations serait considéré comme le summum de l'impolitesse.

Stammtisch

Dans les pubs de la campagne anglaise, il arrive qu'une chaise soit réservée à George, Tom ou Maureen, un habitué qui vient tous les soirs à la même heure et qui, pour une raison quelconque, a besoin de s'asseoir toujours à la même place. Les bars et *Bierkeller* allemands ont souvent une table réservée aux habitués. C'est le *Stammtisch*, généralement repérable à un signe distinctif (ou à la grande plaque de cuivre fixée au-dessus de la table). Si vous vous asseyez involontairement au *Stammtisch*, on vous demandera presque à coup sûr de vous déplacer.

L'alcool, non !

En Arabie Saoudite, l'alcool est illégal. Comme dans le reste du monde arabe, on vous proposera constamment du thé ou du café. Vous avez intérêt à accepter, même si vous n'en buvez que quelques gouttes. Le thé vient le plus souvent en premier. Quand vous aurez terminé, on vous proposera du café, puis de nouveau du thé, puis encore du café. Cela peut durer plusieurs heures et joue un rôle important pour nouer une relation. Comme au Japon, ne vous servez jamais ; attendez qu'on remplisse votre tasse. De même, c'est à vous de remplir la tasse de votre voisin lorsqu'elle est à moitié vide.

Chaji

Chez les Japonais, à leur domicile ou au bureau, on vous propose souvent du thé de manière informelle. Mais si vous êtes invité à une « cérémonie du thé », préparez-vous à tout autre chose. Le *chaji* est un moment solennel, plus proche d'un office religieux que d'un *five o'clock*. La cérémonie complète dure entre quatre et cinq heures et inclut toutes sortes de rituels qu'il faut des années pour maîtriser à la perfection.

Si vous devez y assister, veillez à porter des chaussettes propres et des vêtements amples. Vous devrez enlever vos chaussures et peut-être enfiler un kimono ; sinon, vous risquez de regretter d'avoir choisi un pantalon moulant quand vous aurez passé quelques minutes dans la position rituelle appelée *seiza*. Si l'hôte prie ses invités de se mettre à l'aise, un homme doit croiser les jambes, une femme doit glisser les siennes sur le côté. N'étendez jamais vos jambes droit devant vous.

La cérémonie du thé commence parfois par une collation, ou *kaiseki*, servie sur un plateau, avec des baguettes de cèdre toutes neuves. Sinon, quand vous aurez franchi la porte coulissante pour entrer dans la salle réservée au thé *(chashitsu)*, une fois assis sur le *tatami*, on vous proposera un petit gâteau sucré appelé *okashi*. Prenez-en plusieurs bouchées et veillez à ce que les miettes tombent dans l'assiette, mais pas sur vous ni surtout sur le *tatami*.

Quand l'hôte a lavé et séché le matériel selon le rite, il fait le thé. La théière est tendue à l'invité principal, qui se penche pour l'accepter, avant de faire une courbette à l'adresse des autres convives qui n'ont pas encore été servis. Prenez la théière dans votre main et faites-la pivoter d'un demi-tour dans le sens des aiguilles d'une montre. L'invité l'admire d'abord, puis boit un peu de thé, essuie le bord de la théière et la passe à son voisin.

La cérémonie du thé est caractérisée par l'harmonie quasi zen que crée ce rituel immuable. La conversation doit se limiter au strict minimum et il est hors de question d'en profiter pour sortir sa carte professionnelle.

Le bonheur de la vie

Les Japonais ne sont pas les seuls tenants de cette approche très solennelle. En Mauritanie et au Niger, le thé est servi au cours d'une cérémonie en trois temps : d'abord une petite tasse sans sucre, qui représente les difficultés de la vie ; puis une tasse avec de la menthe et du sucre, qui montre combien la vie s'améliore lorsqu'on se marie ; enfin une tasse très sucrée, symbolisant le bonheur d'avoir des enfants. Il est impoli de partir avant d'avoir bu les trois tasses.

Mate

En Argentine, en Uruguay, au Paraguay et dans le sud du Brésil, le *mate* est le breuvage préféré. Cette infusion amère, légèrement stimulante, est préparée à partir de feuilles séchées de *yerba mate* qu'on fait bouillir et qu'on transporte ensuite dans une gourde. À Montevideo, on voit souvent des gens munis de leur petite réserve de *mate* dans un étui en cuir contenant une bouteille thermos, une gourde et une réserve de feuilles. On aspire l'infusion à travers une paille métallique longue de quinze centimètres, la *bombilla*. Quand on vous passe la gourde, buvez le tout avant de la rendre au *cebador* («serveur»), qui la remplira à nouveau d'eau et la passera à quelqu'un d'autre.

Ch'a

Les origines du thé font l'objet d'une mythologie peu fiable. Il est cependant sûr que le ch'a *était déjà une boisson appréciée en Chine plusieurs siècles avant qu'on en entende parler en Occident: c'était la boisson nationale sous la dynastie Tang (618-906). Les premiers à boire du thé en Europe furent les Néerlandais, au début du XVIIe siècle; c'était alors un breuvage coûteux réservé aux riches.*
La popularité du thé en Grande-Bretagne doit beaucoup à Catherine de Bragance, l'épouse portugaise du roi Charles II. Lorsqu'elle arriva en Angleterre,

en 1662, le thé était inconnu ; quand elle en demanda une tasse, on ne put lui apporter à la place qu'un verre de bière. Grâce à son exemple, le thé devient bientôt en vogue à la Cour et fut ensuite adopté comme boisson élégante par l'aristocratie : exotique, onéreuse et lourdement imposée.

7

Concombre de mer et langue de renne
Le repas

La bonne nouvelle, c'est qu'en vous attablant pour partager un repas avec le représentant d'une autre culture, vous êtes accepté et en bonne voie de créer des liens solides. La mauvaise nouvelle, c'est que le chemin du nirvana social est jonché d'obstacles, des amuse-gueule jusqu'au *Birkat ha-Mazon*…

Je suis en avance ?

Si vous êtes invité à dîner à 19 heures en Allemagne, ça signifie 19 heures ; si vous arrivez après 19 h 15, on vous trouvera impoli, même s'il ne s'agit que d'une légère collation de viande froide appelée *Abendbrot* («pain du soir»), par opposition au plus substantiel *Abendessen* («repas du soir») qu'on peut également aller prendre au restaurant. En France, le «quart d'heure académique» est élastique, mais pas au point de vous faire rater l'un des plats dont votre hôtesse aura savamment orchestré la succession. En Amérique latine, à moins que vous ne vouliez surprendre votre hôtesse en bigoudis, il est plus poli, voire essentiel, d'être en retard. Vous présenter à l'heure pile en Argentine signifie que vous ne pensez qu'à manger. Même chose à Singapour.

On dîne quand ?

On ne mange évidemment pas à la même heure dans tous les pays. Les Polonais prennent un petit déjeuner copieux et matinal, qui leur permet souvent de ne rien avaler avant l'*obiad*, entre 14 et 16 heures. Les salariés japonais avalent parfois un bol de nouilles à midi, mais ils auront faim dès 17 ou 18 heures et ils seront prêts pour un repas plus consistant (ceux qui ont encore un long trajet pour regagner leur banlieue devront peut-être attendre 21 heures). Les Américains qui prennent encore la peine de s'asseoir pour dîner ensemble le font vers 18 heures ou 18 h 30, tandis que la plupart des Européens préfèrent 19 h 30 ou 20 heures. En Espagne, au Portugal et en Amérique latine on aime déjeuner tard, ce qui repousse d'autant le repas suivant ; si on vous invite à dîner à 20 heures au Brésil, méfiez-vous : le plat de résistance n'arrivera sans doute pas avant 22 ou 23 heures, voire plus tard.

RSVP

Les invités se montrent de plus en plus désinvoltes, ce qui cause bien des soucis aux hôtes du monde entier. Rien de nouveau en Indonésie, où les gens n'ont jamais été fort désireux de s'engager, même quand on leur envoie une invitation écrite avec RSVP en bas du carton. Si vous prévoyez donc une soirée à Djakarta, mieux vaut rédiger une lettre de rappel. Vous devrez peut-être préciser 1) ce que vous avez à fêter, 2) qui sont les autres invités, 3) qui est le plus éminent des convives, avant que les gens daignent se déplacer. Rappelez-vous que, comme dans d'autres cultures asiatiques, les gens ont du mal à dire non. « Oui, je pense que je viendrai » n'est donc absolument pas une garantie de leur présence.

Mon épouse invite…

Dans les pays arabes, les femmes sortent rarement en société. Si vous invitez un homme et son épouse (même chez vous), il est très possible que la femme ne vienne pas. Si vous invitez un couple à dîner, mieux vaut utiliser la formule « Mon épouse invite votre épouse », tout en signalant quels seront les autres convives. Cela aidera le mari à décider s'il accepte que son épouse rencontre ces gens et lui indiquera qu'elle ne sera pas la seule femme présente.

Asseyez-vous où vous voulez

Bien que, de nos jours, les déjeuners et dîners occidentaux ne soient souvent pas soumis à ce genre de subtilités, le « plan de table » reste capital dans des pays aussi divers que l'Arabie Saoudite et la Corée du Sud, reflétant le statut des individus au sein du groupe et les honneurs accordés aux différents convives.

Traditionnellement, en Grande-Bretagne et aux États-Unis, on plaçait les invités les plus éminents à la droite de leurs hôtes, de sexe opposé : l'homme le plus éminent s'asseyait à droite de l'hôtesse, la femme la plus éminente à droite de l'hôte. L'homme en deuxième position par ordre d'importance s'asseyait à gauche de l'hôtesse, et ainsi de suite jusqu'au centre de la table, d'où les convives les moins importants observaient, fascinés, leurs supérieurs et pouvaient en dire du mal entre eux. En Europe continentale, en revanche, l'hôte et l'hôtesse prenaient place sur les côtés de la table avec leurs invités de marque, laissant le bout de la table aux moins importants. Dans les plans de table actuels, on fait de plus en plus fi de ces conventions.

En Chine, les dîners ou banquets officiels se déroulent généralement entre hommes, souvent autour d'une table ronde plutôt que rectangulaire. On offre au leader du groupe d'invités la place d'honneur, à la droite de l'hôte, face à la porte, le deuxième invité le plus éminent s'assied à droite de l'adjoint de l'hôte, de l'autre côté de la table. Les autres alternent, un invité, un hôte, par ordre d'importance décroissant : curieusement, l'invité le moins important se retrouve ainsi de l'autre côté de l'hôte.

Dieu est bon, mangeons donc !

Avant de vous attabler, dans de nombreuses cultures il faut dire une sorte de prière, remercier Dieu. Dans presque tous les pays musulmans, c'est *Bismillah* (« Au nom de Dieu »). Les juifs pratiquants disent le *ha-Motzi* (appelé familièrement le *motzi*), sinon chaque jour, du moins avant le souper du vendredi soir : on allume les bougies de *chabbat*, le vin est sanctifié, on mange du pain tressé aux œufs *(challah)*. « Béni sois-Tu, Seigneur Dieu, Roi de l'univers, qui apportes le pain de la terre » : cette formule est généralement dite en hébreu, souvent par l'un des jeunes enfants présents. Les juifs plus orthodoxes peuvent procéder d'abord au lavage rituel des mains, en silence. La conversation reprend quand le *motzi* est fini.

Dans les foyers chrétiens américains, la prière peut être un remerciement prolongé adressé au Tout-Puissant ou une formule bien plus brève : *Good food, good meat, good God, let's eat* («Bonne nourriture, bon repas, bon Dieu, mangeons»), *Please bless these sinners as they eat their dinners* («Veuillez bénir ces pécheurs qui prennent leur dîner»), ou même *God's neat, let's eat!* («Dieu est bon, mangeons donc!»).

Offrir la joie

Avant un repas, les prières bouddhistes et hindoues mettront plutôt l'accent sur l'unité de l'existence ou l'amélioration de la condition spirituelle des pauvres mortels réunis autour de la table :

> *Avec la première bouchée, je promets d'offrir la joie.*
> *Avec la deuxième, je promets de soulager la souffrance*
>   *des autres.*
> *Avec la troisième, je promets de voir la joie des autres*
>   *comme la mienne.*
> *Avec la quatrième, je promets d'apprendre la voie*
>   *du détachement et de l'équanimité.*

Guten Appetit!

Une fois assis, avant de vous armer de votre couteau et de votre fourchette, de vos baguettes ou de votre main, mieux vaut en général attendre que l'hôtesse ou l'hôte se soit assis devant une assiette pleine, ou du moins qu'on vous ait encouragé à démarrer. D'autres formules peuvent alors être employées: «Bon appétit!» en France ou *Sahtain!* dans les pays arabes. Beaucoup d'Allemands ne commenceront pas sans que l'hôte ait dit *Guten Appetit!* En Argentine, de même, il faut que le maître de maison ait dit *¡Buen provecho!* avant que vous puissiez saucissonner. Au Japon on dit *Itadakimasu* («Je reçois ce cadeau avec reconnaissance»), mais en Chine on se contente de *Youyi!* («À l'amitié!»).

Oshibori

Au Japon, avant de manger, on vous proposera souvent une serviette chaude appelée *oshibori*. Vous vous en servirez pour vous nettoyer les mains, mais ni le visage ni le cou. Et ne vous mouchez *jamais* dedans.

Avec les doigts

Dans les pays où on ne vous fournit ni couteau, ni fourchette, ni cuiller, ni baguettes, vous devrez manger avec vos doigts. En général (particulièrement en Orient), on se sert de la main droite, la gauche étant réservée à une fonction consécutive à l'ingestion, quelques heures après. Il est hors de question de manger en utilisant la main «impure».

En Afrique, on vous tendra peut-être le plat commun: n'y plongez surtout pas la main gauche. Certains Africains trempent l'index droit dans le plat pour le goûter; cela vient d'une vieille habitude visant à s'assurer que la nourriture est fraîche et propre à la consommation. Ne mangez que la partie du plat qui se trouve juste devant vous.

Malgré la présence de couverts, certains aliments difficiles à manipuler seront mangés avec les doigts en Occident, même dans les milieux les plus élégants : en Grande-Bretagne, la liste inclut les asperges, les épis de maïs, le crabe et les côtes de porc. Beaucoup jugent tout à fait acceptable de prendre (dans n'importe quelle main) l'os bien nettoyé d'un poulet pour grignoter ce qu'il y reste de viande. En France on sauce l'assiette avec un morceau de pain et en Espagne vous avez le droit de prendre une crevette dans vos doigts. Au Mexique, où les *tacos* et *tortas* se mangent avec les deux mains, il paraîtrait prétentieux de vouloir utiliser le couteau et la fourchette.

En Finlande, en revanche, ne mangez jamais rien avec les doigts. En compagnie, même une pomme doit être attrapée avec la fourchette et pelée avec le couteau.

Les cuillers de Staline

Hugh Lunghi, interprète de Winston Churchill lorsqu'il rencontrait Staline, raconta un jour à la BBC que, lors d'un dîner, il avait vu le tyran soviétique très embarrassé par les couverts disposés de part et d'autre de son assiette : « Comment utilise-t-on ces outils ? » Une fois que Lunghi lui eut montré, Staline le remercia : « Nous sommes primitifs avec la nourriture, nous avons beaucoup à apprendre de vous. »

Le privilège de l'oncle

Autrefois, dans la verdoyante Angleterre, les bonnes d'enfants réprimandaient ainsi ceux qui osaient mettre leurs coudes sur la table : « Toute viande qu'on pose sur la table est censée être découpée. » On n'avait pas le droit de poser ses coudes avant d'avoir 21 ans ou d'être oncle. Mais, dans d'autres pays, avoir des neveux et des nièces n'est pas une qualification suffisante. Les Américains trouvent ce geste impoli et les Français apprécient que l'on mange le dos droit, les poignets sur le bord de la table.

Rompre le pain

Les Estoniens et les Italiens considèrent grossier de couper le pain avec un couteau : il faut le rompre avec les mains. Les Italiens rompent aussi un coin de leur pain avant de le tartiner de beurre, de confiture, de pâte d'anchois ou d'autre chose. Couvrir une tranche entière de confiture avant d'y mordre est aussi tenu pour une faute de goût.

Waribashi

Tous les pays d'Extrême-Orient n'ont pas recours aux baguettes ; en Thaïlande on mange avec une cuiller et une fourchette. Mais au Japon, en Chine, à Taïwan, en Corée et au Viêtnam les baguettes sont la règle et vous devez vous exercer à les manier. Demander des couverts occidentaux n'est pas vraiment un impair, mais beaucoup de restaurants ne possèdent pas ce matériel, donc vous avez tout intérêt à être préparé.

Donc : on tient ses baguettes aux deux tiers de leur longueur, le bout pointu tourné vers la nourriture (plus vos doigts seront loin de votre assiette, plus vous paraîtrez raffiné). La baguette inférieure reste immobile, entre les deux plus petits doigts et le pouce, contre la base de l'index. La baguette supérieure est tenue avec le haut du pouce, contre l'index et le majeur, et se déplace comme une pince pour saisir les aliments.

Ne prenez jamais vos baguettes pour piquer la nourriture, ne les faites jamais se croiser, ne les posez pas sur les bords opposés de votre assiette, ne vous en servez pas pour désigner les gens ou pour rapprocher le plat, ne les agitez pas sans but et, surtout, ne les plantez pas dans votre bol de riz. Ce dernier geste n'est accompli que lors des enterrements, quand on place sur l'autel des morts des bols de riz avec des baguettes plantées droit dedans. Vous ne devez pas non plus passer de la nourriture avec vos baguettes. Ce geste évoque également un rite funéraire japonais : faire passer parmi les présents les os d'un corps incinéré.

Au restaurant, on vous donnera sans doute des *waribashi*, des baguettes jetables. Quand vous les aurez retirées de leur emballage, vous pourrez impressionner vos hôtes en respectant la pratique locale qui consiste à transformer ce papier en porte-baguettes. Pliez cet emballage en deux, puis faites un nœud, sur lequel vous poserez le bout pointu des baguettes. Les *waribashi* sont généralement attachées au bout. Séparez-les sur vos genoux, en veillant à ne pas mettre d'éclats de bois dans votre assiette. Quand votre repas est fini, dénouez votre porte-baguettes en papier et remettez vos baguettes dans leur emballage : le serveur comprendra ainsi que vous avez terminé.

Mangez tout avec les baguettes, jusqu'au dernier grain de riz. Pour la soupe, extrayez-en d'abord les morceaux un par un, puis buvez le liquide à même le bol. Les *sushi* sont la seule exception : vous pouvez les prendre avec les doigts. Ne trempez dans la sauce de soja que le côté poisson ; si vous essayez avec l'autre côté, le riz se désagrégera, avec un résultat des plus déplaisants. Ne prenez pas le *wasabi*, vert et piquant, pour du *guacamole* : cette confusion fréquente vous obligerait à ingurgiter ensuite quantité de thé vert.

Toutes ces règles valent aussi en Chine et à Taïwan, où les baguettes sont généralement rondes, non jetables, plus difficiles à manipuler et sans emballage de papier. Si on ne vous donne pas de pose-baguettes en céramique, posez le bout pointu sur votre assiette, sans toucher la table (même chose en Corée et au Viêtnam). Si vous voulez retirer quelque chose de votre bouche (un morceau de cartilage, etc.), utilisez les baguettes ou la cuiller à soupe en porcelaine, plutôt que vos doigts. Bizarrement, vous avez toute liberté de cracher dans une soucoupe.

> ### *Sushi* et *sashimi*
>
> *On emploie en Occident le mot* sushi *pour qualifier tout mets japonais à base de poisson cru, mais ce terme désigne au Japon le riz parfumé au vinaigre qu'on sert avec le poisson, les coquillages, les algues. Les* sashimi *sont un plat distinct : c'est le poisson cru, dont l'emploi remonte à l'an 123 de notre ère, où le chef cuisinier de l'empereur lui servit crus du thon et des palourdes au vinaigre. Au milieu du XVIIe siècle, on utilisait du bar, du requin, de l'anguille, de la perche, de la carpe, des coquillages, du faisan et du canard pour les* sashimi, *alors servis avec du vinaigre parfumé, et non de la sauce de soja.*

Pas de soja

Verser de la sauce de soja sur le riz (comme on le fait couramment en Occident) est totalement exclu au Japon. Indépendamment du fait que le riz est sacré, le soja gâche ce goût délicat que vous devriez savourer.

Ça glisse

En Chine comme en Corée, on utilise des cure-dents entre deux plats. À table, tenez l'ustensile d'une main en vous servant de l'autre pour masquer votre bouche ; on ne montre ni sa langue ni ses dents aux autres convives. Vous avez également le droit d'utiliser un cure-dents pour piquer des aliments très glissants (méduse, champignons ronds, etc.) que vous ne pouvez pas tenir avec les baguettes.

Si vous voulez à nouveau du thé, inutile de harceler les serveurs ; il suffit de retourner votre tasse vide sur sa soucoupe et on vous en apportera une pleine. Si votre théière est vide, renversez le couvercle et posez-le en équilibre sur la poignée.

Œil de chèvre et gâteau de rat

Si, à un moment du repas, on vous propose les « friandises » locales, il est important d'accepter, même si vous avez la nausée rien qu'à voir cet immonde œil de chèvre qui vous nargue dans votre assiette. La soupe de pattes d'ours en Chine, le ragoût de chat ou de chien en Corée, le gâteau de rat en Arunachal Pradesh... c'est un grand honneur de vous voir offrir ces mets, le signe que vous êtes accepté. Si vous ne pouvez vraiment pas avaler ces horreurs, montrez au moins que vous êtes conscient de l'estime qu'on vous manifeste. Dites poliment que vous êtes très reconnaissant (dans votre cœur), mais que vous préférez accorder cette faveur à (l'estomac d') un autre qui y sera tout aussi sensible. Puis faites passer l'assiette.

Délices planétaires

Voici quelques-uns des plats que vous aurez peut-être le plus de mal à déguster quand vos hôtes vous les offriront si vos relations sont cordiales :

Amérique du Sud	cochon d'Inde frit
Australie (aborigène)	larves de papillons de nuit
Bali	libellule bouillie ou rôtie au charbon de bois

Chine	« concombres de mer » (limaces), soupe au nid d'hirondelle, soupe au pénis de bouc, soupe aux pattes d'ours, « dragon, tigre et phénix » (ragoût de serpent, de chat et de poulet), crapaud-buffle, pattes de poulet, œufs « vieux de cent ans », ragoût d'âne.
Corée du Sud	ragoût de chat ou de chien
Écosse	*haggis* (cœur, poumon et foie de brebis mélangés à de la farine d'avoine, bouillis dans la panse)
Espagne	*Calamares en su tinta* (seiche dans son encre)
Éthiopie	sang frais, sang coagulé frit
France	pieds et intestins de cochon, tripes, cervelle d'agneau, escargots, viande de cheval
Hongkong	pattes de poulet, testicules de dinde (censément aphrodisiaques)
Japon	*sashimi* (poisson cru), *fugu* (poisson-lune toxique), *uni* (œufs d'oursin, également censés être aphrodisiaques), *inago* (sauterelle frite), *semi* (cigale frite), *sangi* (larves de ver à soie frites), *hachi-no-ko* (larves de guêpe bouillies), *natto* (haricots de soja fermentés qui dégagent une forte odeur d'ammoniaque)
Malaisie	fruit du durian
Mexique	fourmis enrobées de chocolat
Nigeria	*kanni* (sorte de chenille), larves de charançon des palmiers, larves de coléoptères pourries
Philippines	*balut* (œuf de canard contenant un embryon en gestation)
Sibérie	viande de renne crue (foie), sang de renne
Thaïlande	filets de crocodile sauce moutarde, cobra servi avec vers de bambou, crapaud des montagnes
Toscane	panse de vache bouillie
Viêtnam	steak de tatou, café préparé à partir de grains vomis par des furets

Ce dernier exemple n'est pas une plaisanterie. La boisson obtenue a un goût plus fort que le café normal ; pour trouver plus rare, essayez le café indonésien à base de grains à demi digérés (et excrétés) par la civette-loutre de Sumatra.

Yeux de mouton

Les diplomates britanniques doivent souvent, à un moment de leur carrière, faire passer leur pays avant le réflexe de régurgitation et avaler les friandises locales. Michael Shea, ex-responsable du service de presse de la reine, raconta à la BBC qu'il avait mangé du rat en Amérique du Sud et de la chauve-souris séchée dans les îles du Pacifique : « Il faut être poli parce qu'il peut s'agir d'un des plats nationaux. » Toujours au nom du devoir, Sir Antony Acland, diplomate en poste au Moyen-Orient, dut subir la « cérémonie de la tête de mouton », dont on remet le globe oculaire à l'invité de marque : « Vous savez qu'on vous fait un grand honneur et l'hôte sait qu'il vous fait honneur. Mais on ne se régale pas vraiment. »

Éviers séparés

Dans une vie vouée à Dieu, le juif dévot n'a le droit de manger que de la nourriture cachère. Cela inclut tous les fruits et légumes, et les animaux « dont la corne du pied est fendue et qui ruminent» (Lévitique 11,2-3). Sont donc autorisés les vaches, les moutons et les chèvres, mais pas les cochons, les chevaux, les chameaux et les lapins. Quant aux volailles, dindes, canards, poulets, oies, faisans et pigeons sont permis, mais aigles, corbeaux, cormorans, chouettes et oiseaux de proie sont interdits. Les poissons aux arêtes et aux écailles détachables sont cachères ; le crabe, les coquillages, l'anguille et la pieuvre sont *treyfah* (défendus). Le débat se poursuit concernant certains poissons indéterminés, comme le turbot et la lotte.

Comme la Bible dit «Vous ne ferez point cuire le chevreau lorsqu'il tète encore le lait de sa mère» (Exode 23,19), les juifs qui mangent cachère ne mélangent pas la viande et les produits laitiers, pour lesquels ils utilisent souvent une vaisselle, des couverts et des ustensiles distincts. Chez les orthodoxes, on les lave dans des éviers séparés et on les range dans des placards différents. Il faut en général attendre de trois à six heures entre la viande et les laitages, parfois moins (cinquante-cinq minutes aux Pays-Bas). Tout ce qui est *parve* (ni viande, ni laitage, comme les fruits et légumes) peut être consommé avec de la viande ou avec des laitages ; on trouve depuis peu sur les tables cachères de la glace *parve*, sans lait, qu'on peut déguster après un repas de viande. Si vous êtes en visite dans un foyer cachère, ne demandez pas de beurre avec votre pain pendant un repas de viande, ni ensuite de lait avec votre café.

Halal et *haram*

En matière d'alimentation, les musulmans ont aussi des règles strictes, formulées dans le Coran : le *halal* («permis») s'oppose ainsi au *haram* («interdit»). La nourriture *haram* inclut le porc et tous ses dérivés, comme le saindoux et la gélatine; le sang; l'alcool et les aliments alcoolisés; les animaux morts de mort naturelle ou tués pour d'autres raisons que la consommation. Les animaux destinés à la consommation doivent être abattus rituellement, par un musulman.

Uzooma

Dans les pays arabes, on vous proposera toujours de la nourriture quand vous aurez vidé votre assiette. Cela peut se produire deux ou trois fois, selon le rituel appelé *uzooma*. Vous devrez refuser la première fois : votre hôte insistera et vous devrez à nouveau refuser; l'hôte insistera encore et vous céderez alors. Si vous n'en voulez vraiment plus, laissez quelque chose dans votre assiette.

En Belgique, laisser un peu de nourriture signifie que vous êtes repu. En Thaïlande également, c'est un signe positif : « Merci, j'ai apprécié ce repas. » Mais, au Royaume-Uni et en Amérique du Nord, on apprend aux enfants à « nettoyer leur assiette », et il paraît quelque peu impoli de ne pas tout manger. Au Salvador, où beaucoup de gens sont au bord de la famine, laisser quoi que ce soit est perçu comme une forme de gâchis condamnable.

Le son du silence

Lorsqu'on dit en France «un ange passe», c'est parce que l'idéal au cours d'un repas est une conversation brillante. Mais dans bien d'autres cultures le silence à table est acceptable ou même requis. Les Chinois et les Japonais ne s'attendent pas forcément à ce qu'on leur parle pendant qu'ils mangent, tout comme les Finnois et les Nigérians.

宴会 L'expérience culinaire numéro 1 en Chine est le *yan hui* (宴会) ou banquet, qu'inclut tout voyage d'affaires raisonnablement réussi. Votre hôte sait très bien que vous ne maîtriserez pas l'étiquette dans ses moindres détails, mais il sera certainement ravi si vous en connaissez les bases.

Les banquets se déroulent en général dans la salle spéciale d'un restaurant. Si vous êtes un groupe, tous les membres doivent arriver ensemble et à l'heure (ce peut être très tôt : 18 heures ou 18 h 30). Vous serez accueillis à la porte et on vous mènera dans la salle de banquet, où vos hôtes seront déjà présents. Le membre le plus éminent de votre groupe doit entrer en premier. Vos hôtes applaudiront peut-être ; ne souriez pas, ne hochez pas la tête l'air intrigué, mais applaudissez en retour. Serrez la main de tout le monde, offrez votre carte professionnelle à tous ceux que vous n'avez pas encore rencontrés. On vous conduit ensuite à votre place à table, un par un, par ordre d'importance (voir p. 97).

Pour ouvrir le banquet, l'hôte propose de la nourriture à l'invité le plus éminent. Ou bien il lève ses baguettes pour annoncer que le repas a commencé. Vous pouvez alors vous servir autant que vous le voulez, mais attention : le repas peut compter jusqu'à quinze plats successifs, et cesser de manger au milieu d'un banquet paraîtra mal élevé.

Traditionnellement viennent d'abord les hors-d'œuvre froids et sucrés, puis la soupe et les légumes vapeur, les fruits de mer, la viande, jusqu'au plat de résistance : un poisson entier, servi avec la tête, la peau et les nageoires (retourner le poisson pour attraper la chair sous les arêtes porte malheur). Ensuite, on apporte à nouveau de la soupe, puis des fruits ou un dessert. Tout à la fin arrive le *fan* ou bol de riz, où vous devez simplement picorer, pour indiquer que vous n'avez plus du tout faim. Sentez-vous libre de complimenter vos hôtes pour la qualité de ce repas aussi souvent que vous le voudrez : on ne saurait être trop poli.

Les toasts sont un élément important du banquet, et l'hôte est d'habitude le premier à trinquer. Il lève des deux mains son verre (en général rempli de *maotai*, liqueur de sorgho fermenté à soixante-dix degrés) et prononce quelques mots, présentant parfois ses excuses pour la frugalité du repas, et conclut par *Ganbei !* Tous l'imitent, vidant leurs verres et les penchant vers l'hôte pour montrer qu'ils ont bu. Après, chacun est libre de porter un toast à la santé de qui lui plaît, de personne à personne ou pour l'ensemble du groupe. Mais n'oubliez pas, comme toujours en Orient, de ne jamais remplir vous-même votre verre. Et quand vous buvez de l'eau-de-vie ou du *maotai*, contrairement au vin, à la bière ou aux boissons non alcoolisées, cela doit se faire dans le cadre d'un toast. Un hôte digne de ce nom est tenu d'essayer de saouler ses invités. De manière agréable, bien sûr, puisque rouler sous la table ou vomir reviendrait à perdre la face.

Quand le dernier plat a été mangé, le repas se termine sans cérémonie. L'hôte se lève et annonce qu'il a eu le plaisir d'inviter tout le monde à ce banquet. C'est le signal du départ pour tous les convives, s'ils tiennent encore debout. L'hôte les raccompagne; si c'est vous qui recevez, vous devez en faire autant.

Le fameux rot arabe

Faire du bruit en mangeant est généralement considéré comme grossier en Occident. La mastication sonore, l'ingurgitation bruyante et les éructations sont très mal vues dans les cultures européennes. En Extrême-Orient, en revanche, les sons produits quand on engloutit la soupe ou les nouilles sont non seulement de bon ton, mais même essentiels. Le sifflement émis permet de refroidir les nouilles et d'en rendre la saveur plus sensible, c'est un compliment pour le cuisinier.

Un vieux mythe occidental veut que les Arabes aiment à roter bruyamment après un repas pour montrer qu'ils l'ont apprécié. Certains Américains pensent la même chose des Français et des Allemands. Cette coutume se limite en fait au nord et au centre de l'Afrique (on la rencontre au Kenya et au Nigeria), et le rot doit être discret.

En Chine, un léger «burp» fait partie de la petite comédie bruyante indiquant que le repas vous plaît.

Dayman

Ce qu'on attend de vous, dans les pays arabes comme ailleurs, c'est l'expression de votre gratitude. À la fin du repas, les invités doivent faire l'éloge des mets qu'ils ont dégustés en disant *dayman* («toujours», comme dans «Puisse l'abondance toujours régner sur votre table») ou *Alhamdu lillah* («Grâces soient rendues à Dieu»). Des expressions semblables existent dans le monde entier. La version bangladaise est *Sukhur ethamdulillah*, tandis que les Japonais disent *Gochisosama deshita*. Les juifs ont une prière complète pour conclure le repas (le *Birkat ha-Mazon*) et, contrairement au *ha-Motzi*, l'honneur de la prononcer est parfois réservé à un invité.

Traditionnellement, cette prière inclut la formule: «Je ne suis jamais insensible aux demandes d'un juste dans la misère, avec ses enfants mendiant leur pain.» Après les horreurs de la Shoah, certains juifs progressistes ont remplacé cette formule par une autre, qui reflète les limites du pouvoir de Dieu: «Puissions-nous ne pas être aveugles aux besoins des autres, ni sourds à leurs cris… Aidez-nous à éliminer la faim et le besoin dans ce monde.»

Délicieux bouquet

Évitez les compliments trop prolixes si vous vous adressez à des gens aisés en Inde ou aux Philippines, où le repas a sans doute été préparé par le cuisinier. Essayez plutôt de trouver quelque chose de personnel à vanter. Le superbe arrangement floral qui orne la table a plus de chances d'avoir été réalisé par votre hôtesse elle-même.

Doggy bag et *pabaon*

Aux États-Unis, on a l'habitude de rapporter du restaurant la nourriture non consommée dans un *doggy bag* ou une *to-go box*. Bien qu'à l'origine ces restes aient été destinés aux animaux familiers, on admet aujourd'hui qu'ils soient réchauffés le lendemain au micro-ondes et consommés par des humains. Les Américains défendent vigoureusement cette coutume et mettent en avant les affamés du tiers monde quand des Européens essaient de leur démontrer qu'il n'est guère élégant de ramener des aliments à la maison en vue d'une consommation ultérieure.

Aux Philippines, une coutume similaire appelée *pabaon* vaut pour les repas donnés chez des particuliers, où l'on distribue les restes aux invités. À Samoa, si vous assistez à un mariage ou à un banquet, on vous remettra une grande boîte de nourriture pour tous les parents qui n'ont pas pu venir avec vous.

Garçon !

Il n'y a pratiquement aucun pays au monde où il est convenable d'appeler un serveur en sifflant ou en claquant des doigts. Essayez, et ils trouveront le moyen de se venger, surtout si vous commandez de la soupe. Il suffit en général d'un signe discret de la main, éventuellement accompagné d'un sourire et d'un regard suppliant.

Tous les interdits quant aux gestes visant à attirer l'attention s'appliquent aussi à table. En Indonésie, on peut se contenter d'un léger mouvement des quatre doigts, la paume vers le bas. En Chine, mieux vaut se borner à un contact oculaire. Seule exception, le Yémen, où une bonne vieille méthode prévaut encore : vous pouvez frapper des mains deux fois pour faire venir le personnel.

Pourboires

Comme vous le dira quiconque a essayé de quitter un restaurant américain sans penser au pourboire, laisser quelques pièces pour le service est la norme aux États-Unis ; on vous criera après, on vous pourchassera même dans la rue si vous ne le faites pas. Ailleurs, les coutumes varient considérablement. À un bout du spectre on trouve l'Italie, où vous devez laisser un pourboire en plus du service indiqué sur l'addition ; à l'autre bout la Thaïlande, le Japon et la Nouvelle-Zélande, où cette pratique n'est pas dans les mœurs et où un pourboire sera en général refusé. Le Japon est à l'opposé des États-Unis : on vous suivra dans la rue si vous oubliez de l'argent sur la table. Le pays le plus hostile aux pourboires est l'Islande, où payer plus que l'addition est jugé insultant.

On partage tout

Dans les cultures qui prônent sinon l'égalité sociale, du moins une égalité sociable, partager l'addition après un repas au restaurant est une pratique courante. En Scandinavie, en Grande-Bretagne, en Australie et aux États-Unis, les dîneurs divisent donc la note, parfois après des comptes d'apothicaire. Face à des individus aussi tatillons qui exigent de calculer exactement la part de chacun, on en vient à aspirer à la générosité des cultures du sud de l'Europe, du Moyen-Orient et d'Amérique latine, où les gens se battent pour régler la note, où l'on refuse l'idée que Martine doive payer moins parce qu'elle n'a pas pris d'apéro et que Robert doive casquer plus parce qu'il avale comme quatre et boit comme un trou.

En Amérique du Sud, curieusement, l'expression désignant cette pratique est *pagar a la Americana*, ce qui se comprend. En Italie, c'est *pagare alla romana*, ce qui est très injuste pour les Romains, qui sont tout aussi généreux que le reste de leurs compatriotes. En Chine, le concept de partage de l'addition peut sembler insultant. Si vous êtes invité au restaurant, votre hôte paiera : vous pouvez manifester une réticence polie et proposer de régler vous-même la note (jusqu'à trois fois), mais suggérer d'en payer une partie lui ferait perdre la face. Vous lui rendrez la pareille une autre fois en vous ruinant pour un plantureux repas. Non, à moins d'être avec des jeunes, ne proposez jamais de payer *fifty-fifty* à Pékin.

Joyeux anniversaire, tout le monde !

En Grande-Bretagne, pour fêter un anniversaire, on emmène l'intéressé au restaurant ou en boîte et on l'invite. Ailleurs, c'est souvent le contraire : si c'est votre anniversaire, c'est vous qui invitez vos amis. Aux Pays-Bas, vous devrez serrer la main de toutes les personnes présentes et féliciter ceux qui ont un lien avec l'heureux individu qu'on fête : on complimente les enfants, par exemple, le jour de l'anniversaire de leurs parents.

En Chine, on ne fête pas les anniversaires. L'âge étant calculé à partir du moment de la conception, un bébé a déjà 9 mois lorsqu'il naît. C'est le septième jour après le Nouvel An chinois qui est fêté comme « l'anniversaire de tout le monde ».

Onchi

Dans certains foyers britanniques, après le repas on ne vous laissera peut-être pas bavarder tranquillement en prenant un digestif : vous devrez participer à différents jeux de société, devinettes ou mime. En Extrême-Orient, le divertissement préféré après le repas est le *karaoké* et, si vous y êtes convié, vous devez avoir une chanson prête ; peu importe vos compétences en la matière. Dans ces pays où il est si important de sauver la face, se ridiculiser dans un contexte informel permet de se rendre sympathique. À ce propos, les Japonais appellent *onchi* celui qui chante faux, et *ohako* une chanson que vous interprétez particulièrement bien.

Seau vide

Le karaoké *(« seau vide », et non « orchestre vide » comme on le croit souvent) serait né à Kobe dans les années 1970. Les divertissements musicaux ont toujours eu beaucoup de succès au Japon et l'une des qualités requises chez un samouraï était d'avoir une chanson ou une danse à interpréter lors d'un dîner. Aux États-Unis, la marque Music Minus One commercialisa dès les années 1950 des enregistrements classiques et jazz où manquait tel instrument ou telle voix, mais l'invention du* karaoké *est attribuée au musicien japonais Daisuke Inoué. Au début des années 1970, comme on lui demandait des cassettes de ses interprétations au piano et à la guitare, il proposa un magnétophone qui, pour 100 yens, diffusait une chanson sans les paroles. Dans un pays célèbre pour son conformisme, ce produit individualiste fit l'objet d'un engouement insensé et lança une mode planétaire, soutenue par la technologie adéquate.*

Il faut vraiment que nous partions

En France, quand on vous propose un jus d'orange ou toute autre boisson non alcoolisée à la fin d'un dîner, cela signifie qu'il est temps de prendre congé. Même chose au Moyen-Orient si on apporte de l'eau glacée. Au moment de partir, vos hôtes vous inciteront à rester en disant qu'il est encore tôt. Cette formule est purement rituelle. Ne la prenez surtout pas au pied de la lettre.

8

Main dans la main au temple
En promenade

Respecter les coutumes locales ne se fait pas qu'à table. Une fois installé dans votre nouveau pays, vous découvrirez que beaucoup de choses ne s'y passent pas comme chez vous. Le robinet où est inscrite la lettre C ne donne pas de l'eau chaude, mais de l'eau froide *(cold)*. Le verre à dents plein d'eau bouillante et la baignoire glacée ne seront pourtant pas vos seules surprises. En sortant de l'hôtel, quantité d'autres bizarreries vous feront sursauter. En espérant que ce n'est pas vous qui ferez sursauter les autochtones...

La merde de nez

Les Japonais n'utilisent pas les mouchoirs de la même façon que nous. Ils trouvent grotesque l'idée de conserver sa « merde de nez » *(hanakuso)* dans un tissu plié dans sa poche. Se moucher en public est impoli. Si vous ne pouvez pas faire autrement, détournez-vous et servez-vous d'un mouchoir en papier, retirez-vous aux toilettes ou reniflez jusqu'à ce que la morve remonte, comme ils le font. Les mouchoirs ne servent qu'à s'essuyer les mains ou la bouche.

Mieux vaut en général ne pas se moucher en public en Orient, de l'Arabie Saoudite à la Malaisie en passant par la Chine. Surtout à l'heure des repas.

Cracher est beaucoup plus accepté. En Chine, les gens

recrachent les os sur la nappe pendant les repas ; dans la rue, et même dans les autobus et les trains, chacun crache où il veut, surtout dans les zones rurales.

Étalage public d'affection

En Iran, en Arabie Saoudite, en Égypte ou en Thaïlande, vous verrez souvent des hommes marchant bras dessus, bras dessous, ou se tenant par la main. Ce n'est rien de plus qu'un signe d'amitié. Mais pour un homme et une femme, faire la même chose dans le monde arabe serait impensable, et même illégal en Arabie Saoudite, passible de coups de bâton. Les couples hétérosexuels en visite dans les pays du Golfe doivent en être informés, car la règle vaut pour les ressortissants étrangers aussi bien que pour les autochtones.

En Thaïlande, cependant, on ne s'intéresse guère à ce que font les étrangers ; dans les zones rurales, les *farang* et leur comportement étrange sont une source d'amusement perpétuel pour la population locale.

La clope

On fume de moins en moins dans la société occidentale. Même aux terrasses des cafés, les gens vous demandent la permission d'en griller une, ce qui aurait été inimaginable il y a encore cinq ans. Et il est désormais illégal de fumer dans un restaurant ou un bar à Londres, à Dublin, à New York et à Paris. Les fumeurs frustrés se sont vus privés de leurs espaces réservés et doivent aller dans la rue pour s'adonner à leur vice : à New York, les bars peuvent écoper d'une amende si leurs clients fumeurs font trop de bruit dehors.

Ceux qui sont contre cette purification forcée de l'espace public devraient envisager d'émigrer au Moyen-Orient. Dans les pays arabes, surtout ceux du Levant et du Maghreb, le droit de fumer reste non négociable. Si vous voyez des panneaux *No smoking* dans les salles d'attente, les ascenseurs et les trains, vous vous apercevrez que les Arabes n'en tiennent aucun compte. La seule exception est la période du Ramadan, où il est interdit de fumer entre le lever et le coucher du soleil. En Chine également, fumer est encore considéré comme un droit, et même comme une habitude virile. Si un autre homme vous propose une cigarette pendant un repas ou une soirée, il s'attendra à ce que vous acceptiez.

Une bonne correction

À Singapour, les autorités ont pris des mesures extrêmes pour contrôler le comportement de la population. Toute incivilité (que vous jetiez des ordures à terre ou que vous oubliiez de tirer la chasse d'eau dans les toilettes publiques) est passible d'une amende, avec travaux d'utilité publique en cas de récidive. Si vous laissez tomber un papier gras, vous vous exposez à une amende pouvant aller jusqu'à 1 000 dollars singapouriens (un peu plus de 450 euros); la récidive vous coûtera 2 000 dollars singapouriens et vous devrez passer une journée à ramasser les détritus des autres dans un jardin public ou sur une plage. Tout

est fait pour humilier les délinquants : on les oblige à porter un uniforme coloré et les médias sont souvent convoqués pour couvrir l'incident.
Amateurs de chewing-gums, prenez garde : l'importation, la vente et la possession en est interdite. Vous n'avez même pas le droit d'en apporter une petite quantité pour votre consommation personnelle. Quant à la drogue, la prohibition est totale. C'est la peine de mort pour quiconque est inculpé pour trafic ou importation de plus de quinze grammes d'héroïne, de trente grammes de cocaïne, de deux cents grammes de résine de cannabis ou de cinq cents grammes de cannabis. La possession de ces substances constitue une preuve de trafic.

Secrets intimes

Les étrangers qui se rendent en Europe ne doivent pas oublier d'emporter de la petite monnaie : les toilettes sont rarement gratuites. Les sanisettes parisiennes le sont désormais, mais dans les bars et les restaurants il faut parfois un jeton que délivre le serveur. L'état des toilettes en France choque souvent les touristes, étant donné le raffinement du pays dans d'autres domaines. Même dans les restaurants les plus chic, où la nourriture, les vins et le service font l'objet de soins infinis, les toilettes peuvent se révéler primitives (on trouve encore parfois des WC à la turque).

Les Occidentaux en voyage à l'est d'Istanbul doivent savoir que le papier-toilette est un bien rare dans certains pays, où la main gauche et un peu d'eau dans un seau sont considérés comme le meilleur moyen de nettoyer les zones inférieures. En Corée et dans de nombreuses régions de Chine, si vous avez la chance de trouver du papier, ne le jetez pas dans la cuvette, mais dans la poubelle située à côté (du fait de la faible pression d'eau et de la mauvaise qualité du papier, les tuyauteries sont régulièrement bouchées). En Russie, vous serez peut-être étonné de remarquer des empreintes de pied sur le rebord, mais dans un pays où le vol de lunettes de WC est très pratiqué, certains préfèrent s'accroupir sur la cuvette.

Quel souk !

Dans certaines cultures, le prix pour les marchandises en vente dans les magasins est fixe, et il paraîtrait curieux de vouloir négocier. En Grande-Bretagne, en Allemagne, au Portugal et au Chili, si la robe que vous voulez coûte 45 livres, vous la paierez 45 livres. Lors d'une vente de charité, vous pourriez proposer moins, mais cela aussi serait mal vu. En revanche, au Mexique, au Maroc et au Myanmar, tout peut se marchander. Il n'y a pas de prix écrits et le chiffre indiqué par le boutiquier ou la marchande a de grandes chances d'être plusieurs fois supérieur à ce qu'il ou elle attend vraiment.

Pour arriver à vos fins dans un souk ou sur un marché, inspirez profondément et divisez le prix au moins par dix. Pour acheter ce *thobe* karaouine brodé à la main dont votre charmant vendeur berbère demande 400 dirhams, offrez-en d'abord 40. Votre réponse suscitera aussitôt une stupeur étudiée, accompagnée de remarques du genre : « Qu'est-ce que tu fais ? Tu veux pousser ma mère dans la tombe ? » Mais votre homme vous prendra désormais au sérieux et, à force de marchander, vous parviendrez au prix qu'il escomptait, généralement entre un quart et un tiers du prix initial, dans les 130 dirhams au maximum. Partir lorsqu'il ne veut plus descendre plus bas est une bonne tactique : il vous suivra presque à coup sûr et vous proposera un prix meilleur encore. S'il ne le fait pas, vous saurez que vous n'obtiendrez pas mieux. Vous pourrez toujours revenir plus tard.

Rappelez-vous aussi que dans les cultures du marchandage, cela porte chance d'être le premier ou le dernier client. Sur les marchés du Myanmar désertés par les touristes, vous serez harcelé par des *Lucky money! Lucky money!* émanant de ceux qui n'ont encore rien vendu, alors que vous vous éloignez, vos *kyat* toujours en poche. Si vous achetez, ils béniront leurs marchandises restantes en promenant vos billets dessus.

Lèche-vitrines

Échanger son argent durement gagné contre des biens de consommation n'est pas vécu de la même façon partout dans le monde. En Russie, les vendeurs vous traiteront à peine plus mal que dans votre pays : vous venez déranger leur conversation ou vous les surprenez alors qu'ils vaquaient à leurs petites occupations. En France, la capitale a une réputation d'impolitesse, mais la qualité du service s'améliore pour les étrangers dès qu'ils prennent l'habitude de fréquenter toujours le même magasin, qu'ils parlent français et qu'ils jouent le jeu du «Bonjour, monsieur», «Au revoir, madame». En Australie, malgré (ou peut-être à cause de) l'absence théorique de distinction de classes, les commerçants vous demanderont à plusieurs reprises, pendant que vous admirez leur stock: *Are you right?* (qui signifie «Tout va bien?», mais qui, en anglais ou en américain, se traduirait plutôt par «Avez-vous raison?»). Au Japon, ils sont encore plus prévenants: vous serez salué personnellement en entrant dans la boutique et en en sortant, parfois par un homme debout sur un escabeau et muni d'un mégaphone. En Italie, on vous accueillera d'un *Buongiorno!* cordial, on sera aux petits soins pour vous et on vous proposera même de vous emballer vos achats dans du papier cadeau.

Fous du volant

Le style de conduite diffère considérablement d'un pays à l'autre, comme en témoignent les statistiques sur les accidents de la route. En Suède, l'un des pays où l'on est le plus prudent au volant, gardez vos phares allumés en plein jour et éviter de boire quoi que ce soit avant de vous mettre en route. En Allemagne, faites très attention: il suffit d'une bière pour arriver au chiffre fatidique de cinquante milligrammes d'alcool par millilitre de sang, et la loi est strictement appliquée. En Italie, la limite est aussi sévère, mais, même si vous courez beaucoup moins de risques d'être arrêté, maîtrisez vos réflexes; les conducteurs se soucient apparemment fort peu de perdre la vie sur l'*autostrada*, ils vous collent au train à toute allure et vous doublent n'importe comment. En Amérique du Sud, c'est encore plus dangereux. Les feux rouges sont considérés comme de simples suggestions et non comme des injonctions ; la nuit, les phares restent souvent éteints… pour ne pas éblouir les autres automobilistes. Si vous allumez les vôtres, vous donnerez peut-être envie à un conducteur en colère de vous précipiter hors de la chaussée.

Le message est simple. Pour éviter le pire, prenez un taxi.

Accidents de la route
(nombre annuel de blessés pour 100 000 habitants)

1. Qatar	9 681
2. Koweït	2 155
3. Rwanda	1 764
4. Costa Rica	1 438
5. Arabie Saoudite	1 353
6. Panama	1 262
7. Jordanie	1 023
8. Barbade	763
9. Japon	749
10. États-Unis	704

La femme au volant

En Arabie Saoudite, il est encore illégal pour une femme de conduire une voiture. En 2005, un avertissement a été diffusé sur Internet concernant les dangers qu'il y aurait à autoriser les femmes à conduire. Il était signé par plus de cent cheikhs, imams, juges, érudits islamiques et responsables des centres de promotion de la vertu et de prévention du vice.

Les taxis sont sympas

N'ouvrez jamais la portière d'un taxi au Japon. Si le véhicule n'est pas équipé de portières automatiques, le chauffeur sortira et les ouvrira pour vous. Les hiérarchies habituelles restent en vigueur: la personne la plus éminente s'assied au milieu du siège arrière, avec ses subordonnés de part et d'autre.

En Australie, au contraire, vous montrerez que vous êtes quelqu'un de sympathique en prenant place à l'avant, à côté du chauffeur. De nos jours, cependant, comme de plus en plus de chauffeurs sont asiatiques dans les grandes villes australiennes, cette pratique a tendance à se limiter aux zones rurales.

Les toucans et les petits hommes verts

En France, le comportement des piétons n'est pour ainsi dire pas contrôlé. Le code de la route conseille simplement de traverser dans les bandes blanches (en Grande-Bretagne, on parle de *zebra crossings*, «passages zébrés», mais aussi de *pelican crossings* et de *toucan crossings*). Aux États-Unis, par contre, ne pas attendre l'apparition du petit bonhomme vert constitue un délit passible d'une amende substantielle et, à Singapour, d'une peine de prison.

Vol d'âmes

L'appareil photo est un signe extérieur de richesse (relative). Si vous photographiez un chevrier marocain sans le sou, ne soyez pas étonné qu'il vous demande de l'argent. Dans certaines régions du monde, les pauvres ont trop de dignité pour s'abaisser à mendier, mais le Maroc n'en fait pas partie. L'Inde non plus.

En Allemagne il est impoli de photographier des inconnus sans leur permission, mais en Occident prendre la photo de quelqu'un est rarement perçu comme un geste incongru, à moins que vous ne soyez un photographe de presse lors d'un accident ou un *paparazzo* qui s'introduit dans une fête privée. Cette attitude n'est pas commune à l'ensemble de la planète. Certains aborigènes australiens, par exemple, pensent que si vous créez une image d'eux, vous leur volez leur âme, idée qu'on rencontre aussi dans les communautés indigènes de la jungle amazonienne.

Dans la plupart des pays, pourtant, votre appareil numérique vous permettra de vous faire instantanément des amis en leur montrant leur portrait. Une telle machine est un jouet magique. Méfiez-vous quand même : derrière les visages souriants au premier plan se cachent peut-être des mines moins réjouies ou des faciès qui ont envie de vous priver de cet avantage technologique.

Fair-play

L'intérêt pour le sport étant universel, il est toujours payant de se tenir au courant des grands événements qui captivent l'intérêt d'un pays, comme Wimbledon pour le tennis, le Tour de France pour le cyclisme, l'US Open pour le golf ou la World Slasher Cup de Manille pour les combats de coqs. En Australie, le sport est presque la religion nationale. Votre réunion de travail de ce vendredi sera ainsi consacrée pendant une bonne demi-heure à discuter du match de cricket à venir.

Si vous êtes un homme, les Australiens partiront du principe que vous partagez leur passion. Et pas seulement pour leurs équipes, mais pour les vôtres aussi. Ils connaîtront peut-être mieux que vous les équipes de football et de rugby de votre pays, et supposeront que vous n'ignorez pas les noms et les parcours des principaux joueurs. Comme pour toutes les religions, cette activité sacrée doit être respectée. Ne vous permettez aucune plaisanterie sur le score malheureux de telle équipe australienne, vous mettriez votre vie en danger.

À la sueur de son… front ?

Aller au sauna est en quelque sorte le passe-temps national finlandais. Pour une population de cinq millions de personnes, on compte plus de deux millions de saunas, dont beaucoup sont encore des *savu-sauna* traditionnels, où l'on transpire en commun, à l'ancienne. Si vous êtes invité au sauna, même par un contact professionnel que vous ne connaissez pas très bien, acceptez : ce peut être le moyen de négocier un compromis difficile ou même de signer un contrat juteux.

Douchez-vous toujours avant d'entrer dans le sauna.

Prenez une serviette avec vous et asseyez-vous dessus (inutile d'expliquer pourquoi il serait peu hygiénique de vous en dispenser). Installez-vous où vous voulez : rien ne vous oblige à occuper les zones supérieures, les plus chaudes. Il s'agit d'un moment de détente, pas d'un concours de virilité. Non contents de rester assis tout nus, certains Finlandais prennent des branches de bouleau et se flagellent doucement. N'ayez pas l'air étonné : ce n'est pas une forme pittoresque de masochisme, mais un moyen intelligent d'ouvrir les pores. Dans les saunas les plus anciens, une lingère locale vous proposera peut-être de vous frotter le corps. Acceptez de bonne grâce : c'est une belle coutume finnoise, si douloureuse qu'elle soit lorsque ses doigts noueux se mettront au travail sur vos épaules. En hiver, on vous invitera parfois à aller vous rouler dans la neige à l'extérieur, ou même à vous jeter dans un trou creusé à la surface de la glace d'un lac gelé. Il serait pusillanime de refuser ces plaisirs revigorants.

Au temple

Bien entendu, les lieux saints exigent une attitude respectueuse. Tout le monde se déchausse à l'entrée des mosquées ainsi que des temples hindous et bouddhistes, et les Occidentales doivent couvrir leur peau (ce dernier point vaut aussi pour les églises chrétiennes). Dans les sites chrétiens les plus visités, on pourra vous prêter un châle ou une cape en papier si vous avez les bras nus, un décolleté ou un short. Mais, dans une mosquée, une femme devra au minimum avoir la tête couverte, un vêtement à manches longues et un pantalon ample pour qu'on la laisse entrer. Avant de pénétrer dans un sanctuaire shinto au Japon, lavez-vous les mains et la bouche. Et rappelez-vous que, selon la tradition, il faut faire le tour du temple dans le sens des aiguilles d'une montre, à l'intérieur comme à l'extérieur.

Rares sont les religions hostiles à la présence d'étrangers pendant les offices, pourvu que les visiteurs se montrent discrets et respectueux. Se promener en short et/ou filmer les fidèles au caméscope n'est évidemment pas une bonne idée. Quant à votre participation, les attitudes varient: dans les temples bouddhistes mahayanas, vous serez activement encouragé à participer aux rituels, surtout celui qui consiste à acheter une baguette d'encens et à la tenir devant votre visage pour faire un vœu ou une prière avant d'entrer dans le temple proprement dit. Les chrétiens qui, avant l'eucharistie, se tournent les uns vers les autres et se serrent la main en disant «La paix soit avec vous!» seront ravis de voir un étranger se joindre à eux. Mais les musulmans n'attendent pas des touristes qu'ils se prosternent avec eux dans la direction de La Mecque, pas plus que les chrétiens ne demandent aux non-croyants de communier avec eux (les catholiques romains sont particulièrement stricts: à l'exception des services œcuméniques spéciaux, ils n'autorisent pas même les protestants à partager le sacrement du pain et du vin).

Les offrandes financières sont toujours bien acceptées dans les lieux de culte: un billet de banque dans le tronc d'une église ou dans la *tzedakah* d'une synagogue, quelques pièces pour le vieux monsieur qui entretient les bouddhas dans un temple vous vaudront généralement un sourire.

À chacun son ère

Les Éthiopiens utilisent le calendrier copte, qui compte douze mois de trente jours, et un treizième mois plus court, de cinq ou six jours; d'où un décalage de sept ans par rapport au calendrier occidental (grégorien). Les milieux d'affaires s'alignent en général sur le calendrier grégorien. L'année commence le 11 septembre, avec le mois de Tout, ce qui devrait faire réfléchir ceux qui défendent la théorie du complot.

En Israël, les initiales CE signifient Common Era, *«ère commune», et sont l'équivalent de l'AD latin* (anno Domini, *«en l'an du Seigneur»). Le calendrier juif a ses propres mois et années: pour savoir en quelle année nous sommes, ajoutez 3760 à l'année civile grégorienne. Ce nombre fut initialement calculé en ajoutant l'âge de tous les personnages mentionnés par l'Ancien Testament en remontant jusqu'à la Création. En 2008, nous sommes donc en 5768.*

Le calendrier islamique est plus récent: il commence avec l'Hégire, le voyage du Prophète de La Mecque vers Médine, en 622 de notre ère. Les dates de l'Hégire sont indiquées par AH (anno Hegirae): *retranchez 622 ans et ajoutez AH (2008 CE est ainsi 1386 AH). L'année islamique est divisée en douze mois lunaires, qui comptent en moyenne 29 jours et demi: elle compte ainsi 11 jours de moins que l'année occidentale. Les fêtes musulmanes ont donc lieu toujours plus tôt dans notre calendrier. En 1991, le Ramadan commençait le 16 mars, mais il débutera le 2 septembre en 2008.*

Le jour du Seigneur

Le *chabbat* juif va du coucher du soleil le vendredi au lever du soleil le samedi. En Israël, les autobus et les trains ne fonctionnent pas pendant le *chabbat*, pas plus qu'El Al, la compagnie aérienne nationale (même si l'aéroport Ben Gourion de Tel-Aviv reste ouvert). Les routes du pays sont désertes, peut-être davantage à Jérusalem qu'à Tel-Aviv, plus laïque. Les juifs orthodoxes arrêtent de cuisiner, d'écrire, de coudre, de bêcher leur jardin ou de répondre au téléphone ; même avec les moins pratiquants, vérifiez que votre visite ne sera pas inopportune. On allume deux bougies de *chabbat*, qui, elles non plus, ne doivent pas « travailler » : ne vous en servez pas pour en allumer une autre.

Des règles aussi strictes sont observées dans les îles écossaises des Hébrides, où l'on rencontre diverses sectes de la Free Church of Scotland. Toutes s'entendent néanmoins sur un point : il ne faut rien faire le jour du Seigneur. Les pubs, les magasins et les garages ferment. Il n'y a pas de transports en commun. Même les balançoires pour enfants sont bloquées dans les jardins publics.

9

Jeitinho et *nyekulturny*
Coutumes et attitudes

Certains comportements ne relèvent pas de ce qu'on peut expliquer ou interdire par un panneau accroché au mur. Vous voyez les gens vous marcher sur les pieds pour aller rafler ce que le buffet offre de meilleur; vous donnez une poignée de roupies à un mendiant et aussitôt vous êtes encerclé par une horde qui exige le même traitement; vous contemplez par la vitre le quartier loin de tout où votre taxi vous a amené et vous comprenez qu'il s'est beaucoup avancé en affirmant qu'il savait où se trouve votre hôtel: autant de situations dans lesquelles vous risquez d'éprouver une certaine confusion, voire un peu d'agressivité. Mais vous êtes seul coupable. Il s'agit dans tous les cas du résultat de différences culturelles entièrement compréhensibles. En tant que touriste, c'est à vous d'avoir l'esprit ouvert…

Chacun son tour

Les files d'attente sont en général religieusement respectées en Grande-Bretagne, en Australie, en Nouvelle-Zélande, en Suède et dans les autres pays scandinaves, où il est totalement exclu de dépasser ceux qui étaient là avant vous. Si discrète que soit votre tentative, elle sera remarquée par ceux qui sont derrière vous, qui émettront des murmures menaçants. Si vous persistez, vous vous exposez à des insultes et vous serez peut-être remis à votre place *manu militari*.

Il existe un système plus informel dans des pays comme l'Espagne et Israël. Les gens ne font pas la queue, mais ils savent exactement qui vient après eux, comme les Anglais au comptoir d'un pub. Devant un étalage sur un marché espagnol, demandez qui est le dernier, puis ayez-le à l'œil jusqu'à ce qu'il soit servi. À Cuba, on crie *El último?* («Le dernier?»).

Mais dans des contrées aussi diverses que l'Italie, le Moyen-Orient et la Corée du Sud, la notion d'attente ordonnée est tout bonnement inconnue. En Italie, devant un buffet personne n'attend son tour. Les gens se bousculent et prennent ce qui les tente, afin que, d'après eux, tout le monde soit servi plus vite. Cette impatience étonne surtout les Allemands: chez eux, le comportement en public est extrêmement régulé. Les messieurs ouvrent la porte aux dames. Sur les trottoirs, les jeunes marchent plus près du bord que leurs aînés. Les panneaux *Geschlossen* («Fermé»), *Kein Zutritt* («Entrée interdite»), *Ruhe* («Silence») et *Nicht rauchen* («Interdit de fumer») sont respectés.

Certains sont plus égaux

En Russie communiste, les masses devaient faire la queue pour tout et elles détestaient ça. D'autant plus que les officiels du Parti et les gens importants se dispensaient d'attendre leur tour, avec l'aide d'un *apparatchik* rampant, ou passaient devant tout le monde sans qu'on ose les en empêcher. En ces temps plus démocratiques, c'est chacun pour soi. Certains Russes imbus de leur personne essaient de jouer des coudes, mais ils se font vertement rappeler à l'ordre. Le plus souvent, ils persévèrent, la bouche serrée, en faisant la sourde oreille. Les étrangers sont bien sûr tenus de faire la queue, à moins d'être accompagnés d'un puissant oligarque escorté de ses gardes du corps.

Face à face

« Sauver la face », préserver votre dignité et celle des autres, est essentiel au Moyen-Orient et en Asie du Sud-Est. Dans ces pays, perdre son sang-froid lors d'une réunion ou en public est une conduite honteuse : si cela vous arrive, on ne vous fera plus confiance, vous ne serez plus respecté. Être arrogant, insulter les gens, attirer l'attention sur les erreurs de quelqu'un, créer l'embarras de manière générale vous fera perdre la face, ainsi qu'à votre interlocuteur. Bref, en Orient, ne faites jamais rien qui puisse vous rendre ridicule, vous ou quiconque.

À un niveau plus trivial, on atteint des extrêmes risibles. Si vous êtes dans un bar en Corée du Sud avec un groupe d'associés et que vous commandiez telle bière, tous les autres en feront peut-être autant pour que vous ne couriez aucun risque de perdre la face à cause de votre choix. Laissez-les boire avant de suggérer que chacun commande la bière qu'il préfère.

Je vais y réfléchir

Pour sauver la face, dans beaucoup de cultures orientales on a du mal à dire non. Au Japon, par exemple, il faut toujours faire bonne figure dans les pires situations, donc n'offenser personne en disant non, quelle que soit la confusion qui en résulte. À Tokyo, il arrive que des chauffeurs de taxi n'osent pas avouer à leurs clients étrangers qu'ils ignorent où ils veulent aller.

«Ce sera peut-être difficile», «Je vais y réfléchir», «Je vais me pencher sérieusement sur la question», «Je vais accorder toute ma considération à ce problème»: au Japon, toutes ces expressions veulent dire «non», tout comme inspirer quasi silencieusement entre les dents. Et le mot *hai* («oui») signifie davantage «Je vous écoute, continuez à parler» que «Je suis d'accord avec tout ce que vous dites».

Même chose en Thaïlande. Les gens avanceront des excuses invraisemblables, prétendront ne pas comprendre l'anglais ou même s'inventeront un supérieur imaginaire auprès de qui ils doivent «vérifier» pour éviter de dire non. En Indonésie, c'est encore pire: la langue bahasa ne compte pas moins de douze manières de dire «oui» en pensant «non».

Les «Asiates»

«Dans les relations officielles, bien qu'il soit souhaitable de vous exprimer sans ambiguïté sur les sujets importants, il est difficile et, somme toute, malvenu

de vouloir obliger les Asiates à donner une forme précise à leur opinion. De manière générale, ils détestent devoir prendre une décision et préfèrent en revenir aux réponses que vous attendez, selon eux, plutôt qu'à celles qui correspondent à la vérité. Après tout, diraient-ils, la vérité est relative » (Conseils à propos des cérémonies et usages étrangers, ainsi que d'autres questions, destinés au personnel des consulats et ambassades de Sa Majesté occupant un premier poste à l'étranger, par Marcus Cheke, vice-maréchal du corps diplomatique de Sa Majesté, 1949).

Oui et non

Ce n'est pas seulement en Orient que les gens ont du mal à dire non aux autres. *Nja* est un mot suédois qui combine *ja* et *nej*, mais qui signifie réellement « non ». Cette négation délicate ne sert pas à sauver la face, mais à trouver un consensus dans une société très « coopérative ».

Non, non, vous d'abord

En Iran, on appelle *taarof* la politesse extrême qui accompagne presque tous les rapports quotidiens entre individus. Un groupe d'hommes qui s'approche d'une porte fera ainsi preuve de *taarof* en rivalisant d'insistance pour que le plus éminent d'entre eux passe le premier. Après une réunion de travail, le *taarof* consiste pour votre interlocuteur à vous supplier de ne pas regagner votre hôtel afin d'aller dîner chez lui. Dans un magasin, le *taarof* pourra même obliger le vendeur à insister pour que vous ne déboursiez rien en échange de cet objet que vous avez manifesté l'intention d'acheter.

Profitez donc du respect qu'on vous témoigne, mais ne le prenez pas trop au sérieux. «Venez dîner chez moi» est l'équivalent iranien du «Déjeunons ensemble»: si votre nouvel associé insiste encore après plusieurs refus, cela signifie peut-être qu'il est sincère. Quant au shopping, on raconte qu'après avoir insisté pour que des étrangers emportent des marchandises sans les payer, certains commerçants de Téhéran les ont ensuite fait arrêter pour vol à la tire.

Ça ne se fait pas

Le mot russe *nyekulturny* signifie qu'un geste est grossier ou «ne se fait pas». L'exemple classique de comportement *nyekulturny* est de garder son manteau dans un bâtiment public (restaurant, théâtre ou salle de concert). Vous devez normalement laisser votre manteau et vos bottes au *garderob* (vestiaire). Et, pour le théâtre ou le concert, mettez-vous sur votre trente et un.

En Russie, les plus âgés considéreront encore comme *nyekulturny* de garder les mains dans les poches, de s'avachir dans un fauteuil, d'élever la voix, de rire bruyamment ou de siffler au moment des applaudissements. Exprimer publiquement son affection, pique-niquer sur la pelouse d'un parc, dire qu'on a besoin d'aller aux toilettes: tout cela était jadis très mal vu. Mais les temps changent et, même si l'idée de *nyekulturny* existe encore, la nouvelle génération risque de ne pas prendre très au sérieux la politesse soviétique.

Système J ?

En Allemagne, les règles sont faites pour qu'on y obéisse. Respecter la signalisation, attendre aux feux rouges, ne pas tondre son gazon le dimanche: toutes ces restrictions ont leurs raisons. Elles ont été admises par la société démocratique dont chacun fait partie, et il faut les appliquer. Dans d'autres parties du monde, pourtant, c'est tout un art que de contourner les règles imposées par l'État ou la société. Au Brésil, on appelle ça *jeitinho*, «petite voie de contournement». Les Cariocas (les habitants de Rio de Janeiro) cherchent constamment un *jeitinho* et se félicitent quand ils en trouvent un. Pris au sens large, *jeitinho* signifie qu'il y a toujours une alternative: lorsqu'on s'adresse à des êtres humains et non à des machines, on peut leur graisser la patte, se rendre de petits services et éviter les pénibles exigences de la bureaucratie et du droit.

Pragmatique

Au Brésil, la loi est parfois bafouée dans les plus hautes sphères de la société. On attribue la phrase suivante au président Getúlio Vargas, qui dirigea le pays pendant l'essentiel de la période allant de 1930 à 1954: «Aux amis, tout; aux ennemis, la loi.» Un autre politicien bien connu de cette époque, Adhemar de Barros, se rendit célèbre par ce slogan cynique: Rouba, mas faz, *«Il vole, mais grâce à lui les choses se font».*

Bakchich, baba!

En Afrique du Nord et dans le monde arabe, jusqu'au Pakistan et à l'Inde, le *bakchich* est un mode de vie (le terme vient du mot persan signifiant «cadeau»). Il en existe essentiellement trois formes. La plus noble consiste à faire l'aumône aux pauvres, action qui vous rend plus saint (*Bakchich, baba!* crient les mendiants pakistanais). Le deuxième *bakchich* se rapproche du pourboire : c'est un remerciement pour service rendu (même si vous n'aviez pas envie qu'on vous rende le service en question). Ce petit bonhomme qui, à l'aéroport, s'empare de votre valise et vous aide à passer la douane, par exemple, compte sur un *bakchich*, tout comme son collègue qui vous ouvre la porte et son autre collègue qui se tient à l'entrée des toilettes avec un large sourire. Le troisième type de *bakchich* est celui que les étrangers ont le plus de mal à accepter : on le verse par avance pour les services à venir, ce qui prend parfois la forme d'un dessous-de-table.

Ce *bakchich* anticipé est bienvenu pour les portiers, les aides, les chauffeurs, etc., mais ne doit jamais être proposé à un associé ou dans un contexte professionnel : ce serait une insulte. Dans les affaires, on ne donne de *bakchich* qu'une fois les négociations conclues, pour remercier et pour créer une bonne relation en vue de tractations futures. Il ne s'agit en aucun cas de pot-de-vin. La corruption est dangereuse et peut vous mener en prison. Rappelez-vous que le *bakchich* n'est pas forcément de l'argent : il peut s'agir d'un tuyau ou d'une faveur.

Hot dog

Tous les pays ne partagent pas la tendresse des Britanniques pour les animaux. Les chiens en particulier ont la vie dure en Orient. Dans les pays arabes, ils sont considérés comme impurs et le Prophète Mahomet (PSAL) est censé avoir dit que les anges ne rendront visite à aucun foyer où vit un chien. Un autre *hadith** proclame que vos bonnes actions diminuent pour chaque journée où vous êtes détenteur d'un chien. Afin de tout arranger, il existe cinq animaux dont l'islam autorise qu'on les tue dans un sanctuaire : le rat, le scorpion, le milan, le corbeau... et le chien. En Corée, c'est encore pire. Certains Coréens ont un chien chez eux, mais il arrive aussi qu'ils soient élevés comme des animaux de basse-cour, dans de petites cages, avant d'être abattus pour faire du ragoût de chien.

Les chats ont toujours été protégés et honorés en Asie, mais il existe encore certaines régions de Chine où on les mange : surtout sous la forme du plat appelé « dragon, tigre et phénix », mélange de chat, de serpent et de poulet. En Corée, non seulement on mange les chats, mais on les jette vivants dans l'eau bouillante avec des herbes pour préparer le *goyangi soju* (« tonique de chat »), remède pour l'arthrite.

---

* Les *hadith* constituent la tradition concernant la vie et les propos de Mahomet (PSAL). Il s'agissait à l'origine de récits oraux, qui ont par la suite été transcrits au sein de recueils pieusement révérés.

Le troisième âge

Dans la plupart des sociétés extra-européennes, les personnes âgées sont estimées et traitées avec un grand respect. Dans les pays arabes, on les fait passer devant toutes les files d'attente, on leur propose de faire la queue à leur place. En Chine, on salue toujours les personnes âgées en premier lorsqu'on entre chez quelqu'un; à table aussi, le plus âgé est le premier à choisir sa part, ou bien on lui réserve le meilleur morceau de canard ou de poulet. Dans tout l'Orient, les gens se lèvent lorsqu'une personne âgée entre ou quitte une réunion.

En Inde, vous paraîtrez grossier si vous appelez par son prénom une personne plus âgée que vous; vous devrez l'appeler «oncle» ou «tante». Aux Philippines, vous emploierez le terme *manang* ou *ate* pour vous adresser à une vieille dame, *manong* ou *kuya* à un vieil homme, suivi de leur nom (par exemple, *manang Mila*). En Afrique rurale, les aînés sont les habitants les plus vénérés du village et forment le conseil consultatif du chef.

Au Japon, non seulement on respecte les personnes âgées au quotidien, mais il existe une fête nationale pour les honorer et célébrer leur longue vie: *Keiro no Hi*, le troisième lundi de septembre. C'est uniquement en Occident que les «vieux» sont marginalisés et placés dans des maisons de repos, bien que l'Europe soit pionnière en matière de législation contre la discrimination fondée sur l'âge.

COUTUMES ET ATTITUDES

Gay Pride

Les voyageurs venus de l'Occident progressiste doivent se rappeler que l'attitude face à l'homosexualité n'est nulle part aussi tolérante que chez eux. Pour les hommes comme pour les femmes, c'est encore une pratique illégale dans la majorité des pays du monde. L'homosexualité est punie par une peine de prison au maximum de sept ans au Botswana, de dix ans au Sri Lanka; à Singapour, au Pakistan et en Ouganda, entre autres pays, ce peut être la perpétuité. L'Arabie Saoudite et l'Iran appliquent encore la peine capitale aux cas de sodomie, tout comme d'autres États où la *charia* est en vigueur.

En net contraste, beaucoup de pays européens ont légalisé non seulement l'homosexualité, mais encore les unions de même sexe. Le Danemark a ouvert la voie avec les « partenariats répertoriés » en 1989, suivi par la Norvège, la Suède et l'Islande en 1993, 1995 et 1996 respectivement, par la Finlande en 2002 et par le Royaume-Uni en 2005. En 2001, les Pays-Bas ont été le premier pays à offrir aux couples homosexuels les droits liés au mariage. La Belgique les a imités en 2003 et l'Espagne en 2005. En Espagne, les couples *gay* mariés peuvent aussi adopter des enfants.

Sur cette question, les États-Unis sont partagés. Le Vermont fut le premier à autoriser l'union civile en 2000, suivi par le Connecticut en 2005. Le Massachusetts a été le premier État à délivrer des permis de mariage *gay* en 2004, alors qu'en Californie un projet de loi visant à légaliser le mariage *gay* se heurta en 2005 au veto d'Arnold Schwarzenegger, ex-icône *gay*.

Le *karma* des mendiants

En Inde, la pauvreté, terrible et omniprésente, peut choquer les étrangers. Il n'est pas facile de résister aux mendiants, surtout aux jeunes enfants ou aux estropiés de toutes sortes. Pourtant, n'oubliez pas que si vous donnez de l'argent, une foule agressive se rassemblera bientôt pour vous assaillir de demandes similaires. Cela peut être difficile à accepter pour des Occidentaux, mais pour les hindous c'est le *karma* qui dicte votre position dans la société; si vous vous conduisez bien, dans votre prochaine vie, vous dépasserez peut-être le statut de mendiant. Votre humble statut actuel reflète probablement vos mauvaises actions dans une vie antérieure.

Aux Philippines, au contraire, tout le monde mérite le plus profond respect. Plus vous êtes puissant, plus vous devez être généreux et bienveillant. Si vous rejetez les requêtes d'un mendiant, vous devez le faire en disant *Patawarin po* («Pardonnez-moi, monsieur»). Ignorer ou repousser grossièrement un miséreux reviendrait à courir le risque de perdre la face.

Dans les pays musulmans, donner aux pauvres et aux nécessiteux est l'un des cinq «piliers» de la foi, particulièrement importants pendant le Ramadan. Dans une rue du Caire en fin d'après-midi, vous verrez des assiettes et des tapis disposés sur le sol devant les boutiques et les entreprises. Au moment de l'*iftar*, quand la nuit tombe et que le jeûne peut être rompu, un repas gratuit est offert à tous ceux qui en ont besoin, et plus vous êtes indigent, mieux c'est.

Les cinq piliers

Cinq obligations s'imposent à tous les musulmans. On les appelle les cinq piliers de l'islam:
1. Chahada: *la profession de foi. Vous devez attester qu'« il n'est pas d'autre dieu que Dieu (Allah) et Mahomet est son prophète ».*
2. Salat: *la prière cinq fois par jour.*
3. Zakat: *faire l'aumône aux pauvres.*
4. Saoum: *jeûner pendant les heures du jour lors du mois de Ramadan.*
5. Hadj: *le pèlerinage à La Mecque pour tous ceux qui en ont les moyens, et la participation aux rituels spécifiques pendant le douzième mois du calendrier islamique* (Dhu al-Hidja).

666

Les chiffres porte-malheur sont pris très au sérieux au Japon: le 4 (prononcé *shi*) ressemble au mot signifiant « mort », et le 9 *(ku)* se prononce comme « agonie »: beaucoup d'hôtels n'ont donc pas de chambre 4, 9 ou 13; les avions All Nippon Airways n'ont pas de sièges portant ces numéros. Au Japon, les « bons » chiffres sont le 3, le 7 et surtout le 8. Cela tient à la forme du *kanji* qui sert à écrire le 8: les deux traits sont plus larges à la base, promesse d'un avenir meilleur.

Des superstitions semblables existent en Chine, où le mot signifiant 4 en mandarin *(si)* ressemble aussi au mot

« mort ». La date d'un mariage chinois ne doit pas inclure le chiffre 4, et il ne faut jamais offrir quatre cadeaux. Les chiffres porte-bonheur en Chine sont le 8 *(ba)*, parce que cela ressemble à *fa*, « prospérité, abondance », et le 6, parce que ce chiffre rime avec le mot signifiant « lisse, sans heurts ».

Le vent et l'eau

En Thaïlande et dans le sud de la Chine, faites attention à ce que vous touchez et à ce que vous déplacez dans une pièce. Beaucoup d'objets ont été posés en fonction des exigences du *feng shui* (*feng* signifie « vent » et *shui* « eau »). Le positionnement judicieux de miroirs (où se reflètent les esprits malfaisants) et de bols d'eau (qui attirent les esprits bienfaisants) permet de préserver l'harmonie du foyer ou du lieu de travail.

Il existe d'autres règles : le pied d'un lit ne doit jamais se trouver face à la porte de la chambre et, dans l'idéal, le lit proprement dit doit être placé face au sud. La porte principale de la maison doit être tournée vers l'est, le soleil levant ; mais elle ne doit pas être dans l'alignement de la porte située à l'arrière, sinon la chance (et l'argent) sortira de la maison dès qu'elle y sera entrée. Une maison au bout d'une impasse porte malheur ; les esprits mauvais peuvent accéder directement à la porte.

Le *feng shui* a aujourd'hui gagné l'Europe et les États-Unis, où il occupe une place importante dans le design d'intérieur ; n'oubliez pas qu'en Orient la présence des esprits est une chose sérieuse.

Chanter la nuit

Casser un miroir, répandre du sel et croiser un chat noir porte malheur dans la plupart des cultures. En Russie, il est aussi néfaste de se serrer la main sur le pas d'une porte, d'allumer une cigarette avec une bougie, de siffler dans une maison ou de repartir chercher un objet oublié. Et les superstitieux ne doivent jamais se regarder dans un miroir lorsqu'ils sont assis sur la cuvette des toilettes.

Dans de nombreuses cultures, laisser tomber une pièce dans une fontaine est censé exaucer un vœu ; mais ramasser les pièces au fond de l'eau porte malheur. En Argentine, en revanche, trouver de l'argent dans la rue signifie que vous vous enrichirez bientôt. Au Brésil, on dit que pour devenir riche, il faut mettre le sucre dans la tasse avant de verser le café, mais, en Turquie, si votre main droite vous démange, vous recevrez de l'argent de quelqu'un dont vous n'en espériez pas. Au Japon, si vous mettez un bout de peau de serpent dans votre portefeuille, vous deviendrez riche, mais si vous tuez un serpent, vous perdrez votre argent.

Les superstitions liées à la découverte de l'âme sœur sont courantes dans tous les pays. Au Mexique et dans une bonne partie de l'Amérique latine, les gens croient que si quelqu'un donne par inadvertance un coup de balai sur la chaussure d'une célibataire, elle ne se mariera jamais. «Trois fois demoiselle d'honneur, jamais mariée», dit-on en Europe ; à Taïwan n'être demoiselle d'honneur que deux fois porte malheur, alors qu'en Thaïlande on dit que si vous chantez dans la cuisine, vous aurez un conjoint très âgé.

Ce genre de croyances avait peut-être jadis un but pratique. En Corée, si vous chantez la nuit, des serpents apparaissent devant vous (ah, si nous pouvions terroriser de la même façon nos voisins qui mettent leur sono à fond!). Au Kirghizistan, si une célibataire s'assied dans le coin d'une pièce, elle ne se mariera jamais. C'est vrai que ce n'est peut-être pas la meilleure façon de rencontrer l'homme de ses rêves.

10

Vivement mercredi !
Le voyage d'affaires

Ce qui serait simplement gênant dans un contexte social peut prendre des proportions plus graves si vous êtes en voyage d'affaires. Dans les salles d'embarquement *business class* du monde entier, on raconte comment un marché a été conclu ou raté à cause des exigences apparemment absurdes de l'étiquette locale. Et même si on tolère beaucoup de choses de la part d'un étranger qui n'est pas au fait des règles, c'est déjà beaucoup moins vrai dans les affaires, surtout si c'est vous qui essayez de vendre quelque chose…

Poisson d'avril

Quand vous fixez un rendez-vous, rappelez-vous que les dates ne s'énoncent pas et ne s'écrivent pas partout de la même façon. Aux États-Unis le 1er avril 2008 est 04/01/08, tout comme en Italie, en Suisse et dans la plupart des pays d'Amérique latine. En Grande-Bretagne, en Russie, au Brésil et en Argentine, en revanche, le jour est indiqué (et certains trouveront cela plus logique) avant le mois et l'année : 01/04/08. En Europe de l'Est (et au Québec) on s'en tient à la « norme internationale » et l'on renverse le tout : 08/04/01.

Pour éviter de vous tromper de jour, de mois ou même d'année, mieux vaut sans doute écrire la date en toutes lettres : « 1ᵉʳ avril 2008 », à moins que vous n'ayez envie qu'on vous fasse un poisson d'avril.

Vivement mercredi !

La bonne nouvelle, c'est que la structure de la semaine de travail est universelle. La mauvaise, c'est que le « jour saint » n'est pas partout le même. Dans la majorité des pays, le jour saint est le dimanche, la plupart des gens ne travaillent pas le samedi et la semaine ouvrée va du lundi au vendredi. Mais, en Israël, le jour saint est le samedi, beaucoup de gens ne travaillent pas le vendredi et la semaine ouvrée va du dimanche au jeudi. Dans les pays arabes, le jour saint est le vendredi, la plupart des gens ne travaillent pas le jeudi et la semaine va (en général) du samedi au mercredi. Donc, quand un Arabe dit « Vivement mercredi ! », il aspire au week-end.

Sept à quatre

La journée de travail ne s'aligne pas partout sur le modèle 9 heures-17 heures. Dans les pays scandinaves, elle commence plus tôt, vers 8 heures ; la pause déjeuner peut se faire dès 11 h 15, et la journée se termine souvent à 16 heures. En Pologne et dans d'autres pays de l'Est, on démarre après le petit déjeuner, entre 7 et 8 heures, et on travaille sans interruption jusqu'à l'*obiad*, entre 14 et 16 heures. En Espagne et au Portugal, on commence à 7 ou 8 heures, on déjeune à midi, on fait la sieste jusqu'à 16 heures, et on retravaille entre 16 et 20 heures. Ce modèle est appliqué en Amérique latine et aux Philippines, ainsi que dans de nombreux pays où la chaleur est étouffante en début d'après-midi, de la Grèce à la Chine, en passant par le Moyen-Orient, l'Afrique du Nord et l'Inde. Cependant, dans les grandes villes, où il est impossible de rentrer chez soi en banlieue pour la sieste et où les bureaux sont climatisés, beaucoup d'entreprises ont aboli la *siesta*.

> **Le sommeil du riz**
>
> *Le mot espagnol* siesta *vient du latin* hora sexta *(« la sixième heure »). Au Bengale indien et au Bangladesh, le petit somme de l'après-midi est appelé* bhatghum *(« sommeil du riz »), puisque l'on mangeait traditionnellement du riz au déjeuner tout en se faisant masser avec une huile de moutarde encourageant le sommeil. En Chine, le dodo post-déjeuner peut durer près de trois heures et s'appelle* xiuxi *(« repos »).*

La pause prière

Les musulmans dévots prient cinq fois par jour, donc soyez souple pour vous plier à cet emploi du temps. On dit la prière en se levant, à midi, en milieu d'après-midi, au coucher du soleil et juste avant d'aller au lit. Bien entendu, ce sont celles de midi et de l'après-midi qu'il faut prendre en compte dans un contexte professionnel. La prière dure entre dix et quinze minutes, et, dans le monde arabe ou en Indonésie, la plupart des entreprises disposent de salles réservées à cet usage. Si vous dérangez quelqu'un pendant la prière, inutile de présenter des excuses; reculez en silence et attendez qu'il ait terminé.

Juilletistes et aoûtiens

Avant de programmer un voyage d'affaires, n'oubliez pas de vérifier les dates des vacances locales. Dans les pays arabes, on ne travaille guère au moment des deux grandes fêtes de l'Aïd el-Fitr et de l'Aïd el-Kebir (dates variables), tandis que les pays « chrétiens » chôment pratiquement du 23 décembre à début janvier (le premier lundi qui suit le Nouvel An marque généralement la reprise d'activité). En Australie, en Nouvelle-Zélande, en Afrique du Sud et en Amérique latine, la chaleur de l'été pousse à prolonger cette interruption, de sorte que vous risquez de ne rien pouvoir faire avant début février. En Europe, c'est de fin juillet à début septembre qu'a lieu la grande coupure; les Français, les Italiens et les Grecs sont injoignables en août. En Iran, les bureaux ferment pour Norouz, la fête du Nouvel An, qui tombe le 21 mars et qui se poursuit pendant plusieurs jours; même paralysie en Thaïlande pour les cinq jours de Songkran, la fête de l'Eau (avril). Au Japon, la semaine d'Or, début mai, n'est pas un bon moment pour travailler: on ne compte pas moins de quatre fêtes nationales en sept jours.

Jeûne...

On admet communément que le mois du Ramadan se prête mal aux affaires. Dans la journée les gens ont faim, ils sont de mauvaise humeur puis, après l'*iftar* et le repas nocturne, ils sont repus, fatigués. Mais dans le monde arabe certains considèrent le Ramadan comme une période très propice à un autre type d'affaires. Les boutiquiers sont si affaiblis par la faim qu'ils n'ont parfois plus la force de marchander.

Rappelez-vous aussi qu'après l'*iftar* la vie sociale reprend. Les hommes se retirent dans les bars, où ils vont boire une dernière tasse de thé ou de café, ou fumer la *chicha* : c'est le cadre idéal pour conclure un marché.

Propre sur soi

Le costume sombre, la cravate sans fantaisie et les chaussettes foncées constituent pour l'homme d'affaires un uniforme acceptable à peu près partout. Les Allemands aiment les chaussures qui brillent, et chez les Italiens prévaut le concept de *bella figura* : adressez-vous à un bon faiseur, habillez-vous avec style, ils le remarqueront et seront impressionnés. Au Moyen-Orient on évaluera la qualité de votre sacoche et de votre montre, tandis qu'en Amérique des dents soignées font toujours bon effet (aux États-Unis, avoir des « dents d'Anglais », c'est avoir des chicots déplorables).

Les Russes s'attendent aussi à une certaine tenue : on prétend que si l'oligarque Mikhaïl Khodorkovsky et sa compagnie pétrolière Yukos ont été détruits par le gouvernement, c'est parce qu'il s'était présenté à une réunion au Kremlin vêtu d'un polo au lieu du costume-cravate de rigueur.

Meishi

En Europe, remettre sa carte professionnelle à un nouveau contact ou à un associé potentiel est un geste tout à fait naturel. Si vous n'avez pas la vôtre, pas de problème : griffonnez une adresse électronique ou un numéro de téléphone sur un bout de papier, une vieille facture ou même un sous-verre.

Mais dans beaucoup de pays, et surtout en Orient, l'échange de cartes est une procédure très codifiée. En Chine, par exemple, vous devez sortir votre carte de la poche de votre veste (jamais d'une poche de pantalon) et la tendre des deux mains, en commençant par le plus haut responsable de l'entreprise.

Au Japon, quand on vous donnera une carte *(meishi)*, examinez-la quelques secondes avant de la ranger avec soin (de préférence dans un petit porte-cartes en cuir). La fourrer dans une poche arrière serait perçu comme un manque de respect, et la laisser tomber serait une insulte pure et simple. Votre carte est un prolongement de votre personne et doit donner la meilleure image possible. Votre homologue vous fera peut-être une courbette lors de l'échange, et, même si vous n'êtes pas obligé de lui rendre la pareille (voir p. 26), il est poli de hocher la tête en signe d'acquiescement. S'il siffle entre les dents, ne vous inquiétez pas : cela indique simplement qu'il vous considère comme quelqu'un d'important. Si vous participez à une réunion, alignez devant vous les cartes que vous ont données Suzuki-san et Koizumi-san. Ne pas montrer une carte sera interprété comme le signe que vous ne tenez pas à entretenir cette relation professionnelle.

Lost in translation

Ce qui est écrit sur la carte est également capital, surtout dans des pays comme l'Italie, l'Allemagne et le Brésil, où les titres sont pris très au sérieux. Faire figurer au verso une traduction de vos qualifications en langue locale est partout une marque de politesse et de respect, qu'on attendra en Chine, au Japon et dans le monde arabe. Veillez à ce que la traduction soit correcte, car les imprécisions sont source de confusion : la distinction entre assistant de rédaction et secrétaire adjoint de rédaction n'est pas forcément évidente pour ce charmant interprète local. Au Japon, le côté japonais du *meishi* doit être présenté suivant la méthode traditionnelle : d'abord l'entreprise (le plus important), puis votre rang et votre titre, ensuite votre nom et enfin vos coordonnées. Présentez votre carte avec le côté en langue locale sur le dessus ; avec un peu de chance, votre homologue en fera autant pour vous.

Dans quelques pays, les traductions peuvent entraîner plus de problèmes qu'elles n'en résolvent. En Belgique méfiez-vous des vieilles rivalités entre Flamands et Wallons ; de même au Québec, entre francophones et anglophones. Mais, en général, c'est un investissement qui en vaut la peine.

Le bon caractère

En Chine, pour avoir un impact maximal, pensez à adopter un nom chinois en plus de votre nom occidental. Il doit correspondre phonétiquement à votre nom occidental et avoir une signification attrayante. Quand vous remettrez cette carte arborant votre surnom local, vous serez bien plus facile à mémoriser. De même, vos collègues chinois vous demanderont peut-être de les aider à se choisir un nom dans votre langue. Rappelez-vous que la version simplifiée des caractères chinois actuellement en usage en République populaire de Chine n'est pas employée à Taïwan ou à Hongkong.

Zong

Pour ceux qui vivent dans une société plus égalitaire (États-Unis, Danemark, Islande, Australie), il peut être difficile de comprendre à quel point la culture d'entreprise est hiérarchisée dans certains pays. Si vous avez l'habitude de monter à l'avant du taxi pour sympathiser avec le chauffeur, il peut vous paraître absurde, voire anormal que cette cordialité ne soit pas de mise partout. Mais il y a toutes sortes de manières de respecter l'autre. En Chine, il s'agit surtout de connaître le titre de la personne et de manifester la déférence requise par son rang. Ne confondez pas le *changzhang* (« chef d'usine ») et le *chejian zhuren* (« responsable de département ») ; ne manquez pas de présenter vos hommages au *zong jingli* (« directeur général »). En France, en Allemagne et en Italie, où les entreprises ont une structure verticale, il est important de respecter le sommet de la pyramide, et votre homologue restera « monsieur », *Frau Doktor* ou *Commendatore* jusqu'à ce qu'il vous autorise lui-même à l'appeler autrement.

Petit déjeuner d'affaires

Selon Oscar Wilde, « seuls les imbéciles tiennent des propos intelligents au petit déjeuner ». Aux États-Unis ou en Finlande, les hommes d'affaires aiment pourtant se retrouver autour de galettes de pomme de terre, de tartines de fromage ou de hareng. En France, l'idée d'une réunion professionnelle à l'heure du petit déjeuner n'a jamais vraiment pris. Même chose dans les pays méditerranéens ou en Amérique latine, où les gens préfèrent cuver leur gueule de bois en privé. En Asie, le concept est encore moins développé ; suggérer la possibilité d'un petit déjeuner d'affaires paraîtrait presque irrespectueux.

Hors-d'œuvre

Si vous êtes invité à un déjeuner d'affaires, n'oubliez pas que les mots « déjeuner » et « affaires » n'ont pas partout exactement le même sens. En Amérique du Nord, en Allemagne, en Scandinavie, où les choses sérieuses passent avant tout, vous commencerez peut-être à parler affaires avant même qu'on vous ait servi votre carpaccio d'élan.

Dans le reste de l'Europe, en revanche, il est important de parler de tout et de rien avant d'entrer dans le vif du sujet : art, cinéma, littérature, sport, anecdotes amusantes sur votre pays et sur celui de votre homologue, comparaison du climat de vos deux pays, etc. Attendez le café ou, en Espagne, le *sobremesa* (bavardage après le repas) pour aborder les vraies questions.

La touche personnelle

En Arabie Saoudite, comme dans tous les pays arabes, les affaires sont un sujet personnel. Vous devrez d'abord boire du thé, du café et encore du thé avec votre homologue, bavarder, en venir à vous connaître mieux avant de pouvoir même envisager de parler affaires. Ce processus, au cours duquel votre collègue découvre peu à peu votre personnalité, peut se prolonger sur plusieurs rencontres.

Dans des contrées incluant le Japon et la Chine aussi bien que la Turquie, l'Amérique latine et l'Afrique, la même attitude est la norme. Vous serez peut-être obligé de passer en revue tous les sujets imaginables sauf celui qui vous préoccupe, parce que, pour vos nouveaux collègues, le caractère de celui avec qui ils vont travailler compte bien davantage que le projet que vous leur présentez. Ils veulent construire une relation à long terme avec une personne digne de confiance, et peu importe le temps qu'il faudra pour cela.

Le contrat ou la relation ?

Le contrat avant tout :
– Europe nordique et germanique ;
– États-Unis et Canada ;
– Australie et Nouvelle-Zélande ;
– Hongkong, Singapour.

Signons le contrat et soyons amis :
– Grande-Bretagne, Irlande ;
– Afrique du Sud ;
– Europe méditerranéenne, centrale et de l'Est ;
– Chili, sud-est du Brésil, nord du Mexique.

Nous devons être amis avant de pouvoir travailler ensemble :
– monde arabe ;
– Afrique du Nord et du Centre ;
– reste de l'Amérique latine ;
– reste de l'Asie.

Guanxi

Un moyen d'accélérer ce long et lent processus de découverte mutuelle, si important dans les pays où la relation passe avant tout, est d'être présenté par un intermédiaire connu et estimé de votre homologue (s'ils sont parents, c'est encore mieux). En Chine, ces liens sont appelés *guanxi* ; ce terme complexe et intraduisible désigne non seulement les personnes et l'influence particulière qu'elles ont, mais aussi l'obligation qui en découle. Comme pour beaucoup d'autres choses en Orient, la réciprocité est indispensable. N'acceptez aucune faveur liée au *guanxi* si vous n'êtes pas en position d'exercer de votre côté une influence similaire.

La supériorité du personnel sur l'impersonnel est reconnue dans le monde entier, d'où l'utilité des « réseaux » divers et variés. Dans les pays arabes, on nomme *wasta* l'influence d'un proche qui peut vous aider à passer outre aux règlements et à la bureaucratie, à trouver un emploi, à faire entrer vos enfants à l'université, et ainsi de suite. En Israël, on parle de *proteksia*, mais ce qui compte dans ce pays, c'est moins l'école que vous avez fréquentée que l'unité de l'armée où vous avez fait votre service militaire.

En Amérique latine, vous pouvez compter sur une activité comparable en coulisses *(palanca)* ou avoir recours aux services d'un *enchufado*, qui connaît les gens avec qui vous essayez de travailler et qui peut vous servir de consultant ou de médiateur.

Tatemae et *honne*

À Taïwan, en Corée du Sud et au Japon, le développement de relations de travail peut être facilité par l'utilisation judicieuse d'alcool. Une relation bâtie sur la bière, le whisky ou le saké entraîne parfois une rapide amélioration du degré de confiance, lorsque la politesse professionnelle du *tatemae* («communication de surface») cède la place au *honne* («ce qu'on pense vraiment»). Détendez-vous alors; on ne vous reparlera jamais le lendemain de ce qui s'est passé dans la soirée. Ne faites pas comme les Anglais, qui adorent revenir sur les hilarantes horreurs commises la veille au soir. Même si vous avez vomi sur quatre Japonais à la fois, c'est de l'histoire ancienne.

Vie publique, vie privée

Il existe une autre distinction cruciale dans les affaires internationales: ceux qui travaillent pour vivre et ceux qui vivent pour travailler. Le désir, typique des États-Unis, de faire passer le travail avant tout, au point de renoncer à ses week-ends, reste incompris en Europe et en Amérique latine : la famille et les amis méritent qu'on leur consacre du temps, et l'idée d'un « week-end de familiarisation » serait très mal reçue. En Orient, bien sûr, les Japonais s'investissent autant dans leur travail que les Américains.

Samouraï d'entreprise

Le premier cas de karoshi *(« mort par excès de travail ») fut signalé au Japon en 1969, lorsqu'une crise cardiaque terrassa un homme de 29 ans, employé dans le service d'expéditions du plus grand groupe de presse du pays. On parla à l'époque de « mort professionnelle subite ». Mais dans les années 1980, quand fut publié le livre* Karoshi, *les médias commencèrent à employer régulièrement ce terme pour décrire le trépas apparemment inexplicable de managers importants, fauchés dans la fleur de l'âge sans aucun signe préalable de maladie. En 1987, le ministère japonais du Travail commença à publier des statistiques sur le* karoshi, *avec vingt et un cas pour cette première année et vingt-neuf l'année suivante. En 1990, lorsqu'un groupe de juristes fut créé pour enquêter sur le problème, les chiffres montèrent en flèche : tout à coup, on estimait à plus de dix mille le nombre de personnes mourant chaque année de* karoshi.

11
===

Sans *kompromissa*
================

La réunion de travail et ses suites

Bien vêtu, bien chaussé, muni d'une carte professionnelle impeccable, traduite dans la langue appropriée et mentionnant votre titre exact, vous êtes arrivé dans votre pays d'accueil. Vous êtes prêt à tout accepter, les bizarreries de la semaine de travail comme la nécessité de gaspiller du temps à faire ami-ami avec vos homologues. Mais ce n'est qu'un début…

Pünktlichkeit

Dans les cultures d'Europe du Nord et des États-Unis où règne la ponctualité (que les interculturalistes professionnels qualifient de « monochroniques »), on respecte des horaires très stricts dans les affaires. Si vous êtes invité à une réunion à Hambourg à 10 heures, vous feriez bien de ne pas arriver après 9 h 55. Dans la mentalité allemande, *Pünktlichkeit* est synonyme de *Zuverläßigkeit* : la ponctualité est un signe de fiabilité. On observe une attitude similaire en Chine et au Japon. Mais ce n'est pas le cas partout. Dans les sociétés plus souples du sud de l'Europe, du Moyen-Orient, de Russie et d'Amérique du Sud, les réunions commencent quand elles commencent, et pas une seconde plus tôt.

Dans ces pays « polychroniques », vous étonnerez tout le monde en fixant l'heure à laquelle la réunion doit se terminer. S'il y a beaucoup de sujets à débattre, elle durera plus longtemps. Si vous êtes sur le point de trouver une solution à 10 h 55, pourquoi courir ailleurs ? Dans ces cultures, en fait, si tout va bien, il est grossier de mettre un terme à une réunion simplement parce que vous en avez une autre de prévue. Vous aurez tout le temps *mañana*, demain.

Antichambre

Dans les pays soucieux de ponctualité, même les chefs d'entreprise les plus débordés tiendront à ne pas faire attendre trop longtemps leurs clients ou leurs visiteurs. Être en retard ou, pire, obliger les gens à faire les cent pas devant votre bureau pendant que vous réglez d'autres questions, serait considéré comme un manque de respect.

Il en va tout autrement dans les cultures «intemporelles», surtout si elles sont aussi hiérarchiques. Les grands patrons trouveront normal que des individus moins importants attendent leur bon plaisir. «Mon temps vaut plus cher que le vôtre» : cet état d'esprit est intolérable pour ceux qui vivent dans les pays à la fois égalitaires et ponctuels. Si c'est votre cas, tâchez de garder votre calme. Tout énervement inutile pourrait s'avérer contre-productif et empoisonner une relation essentielle. Voici quelle doit être votre stratégie : présentez-vous à l'heure dite puis, si nécessaire, profitez du temps d'attente pour vaquer à vos propres occupations. Les ordinateurs portables le permettent désormais. Pourquoi ne pas exploiter le système wi-fi de votre hôte au lieu de vous impatienter ?

A la gringa

Au Mexique, si on vous fixe un rendez-vous en ajoutant *a la gringa* («comme les Blancs, les étrangers»), vous pouvez compter sur une relative ponctualité. Si on vous indique une heure *a la mexicana*, les paris sont lancés.

Ouvert à tous

Autre différence de taille: le degré de concentration et d'intimité d'une réunion d'affaires varie d'un pays à l'autre. Pour ceux qui ont l'habitude de travailler en Grande-Bretagne ou aux États-Unis, en Nouvelle-Zélande ou en Islande, on se contente d'examiner l'ordre du jour en présence de tous les intéressés. Ce n'est absolument pas ainsi que les choses se passent au Moyen-Orient, en Amérique latine ou au Bangladesh, où le boss peut avoir son bureau rempli d'un tas de gens (dont des membres de sa famille), recevoir des coups de téléphone et autoriser autant d'interruptions qu'il lui plaît.

Dans ces pays, vous vous trouverez peut-être en compagnie de gens qui garderont le silence pendant toute la réunion. Ne demandez pas à leur être présenté, mais ne les tenez pas non plus pour quantité négligeable. Souriez-leur, adressez-leur des signes de tête, incluez-les dans le débat. Ces figurants sont peut-être là pour que votre homologue se sente plus important, ou bien il s'agit de parents et d'amis fidèles qui, une fois la réunion terminée, lui feront part de leur opinion sur vos propositions et surtout sur vous.

Et maintenant… nos quatre points clés

Quand vous faites une présentation en Extrême-Orient, méfiez-vous des couleurs et des chiffres qui portent malheur. Pour votre exposé PowerPoint en Chine, évitez le vert de la malchance et le bleu des funérailles; énoncez devant des Japonais trois ou cinq arguments, mais surtout pas quatre. Si tout se passe bien et si votre auditoire chinois vous applaudit, la politesse veut que vous applaudissiez également, comme au début d'un banquet.

Dienst ist Dienst

Soyez encore plus prudent si vous vous risquez à faire de l'humour. Les Britanniques, les Américains et les Australiens aiment introduire leur sujet par une plaisanterie, mais les Allemands préfèrent traiter les questions avec tout le sérieux qu'elles méritent et garder les bons mots pour le verre qui viendra après leur exposé. *Dienst ist Dienst*, disent-ils, *und Schnaps ist Schnaps*: «Le travail, c'est le travail, l'alcool, c'est l'alcool.»

Expressif

Au Japon, garder les yeux fermés pendant une réunion de travail n'a rien d'insultant. C'est une attitude courante. Votre auditeur se concentre peut-être pour mieux comprendre votre langue ou la traduction offerte par l'interprète. Ou bien il s'est endormi; ce n'est pas rare, n'y voyez rien de personnel.

En Asie, de manière générale, le contact oculaire est réduit au minimum et un regard droit dans les yeux pourrait être perçu comme une tentative d'intimidation, un défi. Dans le monde arabe et les pays méditerranéens, c'est l'inverse : il est essentiel de regarder votre interlocuteur pour manifester votre intérêt. Celui qui fuit les yeux de l'autre paraîtra indigne de confiance.

Ces différentes formes d'expression vont souvent de pair avec la façon d'aborder les problèmes lors des réunions. Le Japonais discret trouvera peut-être grossier (ou furieux) le Mexicain ou le Grec volubile, tandis que Juan, ou Dimitri, avec ses grands gestes, son goût de l'exagération, qui interrompt dès qu'il en ressent le besoin, jugera peut-être son homologue japonais particulièrement peu loquace, voire indécis. Dans un cas comme dans l'autre, c'est une erreur.

Rapport direct

En général, ceux qui sont issus d'une culture où le contrat passe avant la relation d'amitié tendent à se montrer plus directs dans leur manière de communiquer. L'homme d'affaires allemand ou néerlandais fait souvent preuve d'une franchise presque brutale, alors que son collègue taïwanais ou coréen, toujours soucieux d'éviter l'affrontement, sera plus évasif, aura recours au silence, aux mimiques et à d'autres méthodes de communication non verbale, sans jamais dire non, bien sûr.

Cependant cette corrélation n'est pas universelle. L'homme d'affaires anglais se focalise souvent sur la négociation en cours, il est tout prêt à travailler avec de relatifs inconnus, mais un visiteur américain ou australien trouvera insupportable sa façon de biaiser constamment.

Kompromissa

Les tactiques de négociation n'ont rien d'international. Une vérité est valable partout : vous ne serez sûr d'obtenir ce que vous voulez que si vous êtes prêt à partir en claquant la porte. Pour en arriver là, les itinéraires varient considérablement.

Les Chinois, par exemple, sont toujours polis, mais sont passés maîtres dans l'art de chicaner aussi longtemps qu'il le faut pour parvenir à leurs fins. Flatterie, exigences excessives, concessions dérisoires, faux ultimatums : tous les moyens sont bons. N'oubliez pas que le fondement philosophique de leur culture ne vient pas seulement de Confucius, mais aussi de Lao-tseu, pour qui la clé de la vie consistait à trouver le *tao* (la «voie»), le juste milieu entre deux forces contraires.

En Russie, en revanche, accepter des compromis est considéré comme un signe de faiblesse (moralement condamnable). Si vous essayez d'en proposer un, dites que chacun doit faire un effort en direction de l'autre, exigez des concessions équivalentes, plutôt que d'utiliser le terrible mot *kompromissa*. Et ne soyez pas désemparé si vos homologues sortent le grand jeu. Peu importe pour un Russe de perdre la face. Pour obtenir ce qu'il veut, il aura recours à toutes sortes de stratégies : patience exagérée, colères spectaculaires, claquements de portes. Menaces, pressions et tactiques dilatoires font partie de ce maquignonnage qu'est une négociation «normale» en Russie.

Haramburger

Il fallut à McDonald's quatorze ans de négociations pour ouvrir son premier restaurant en Russie. La rencontre fortuite du président de McDonald's Canada et de la délégation soviétique aux Jeux olympiques de Montréal en 1976 déboucha le 31 janvier 1990 sur l'ouverture du McDo de la place Pouchkine. La patience de la firme s'est avérée payante. Le fast-food moscovite a battu tous les records d'affluence pour son inauguration et reste le plus fréquenté de la planète.
L'entreprise n'a jamais considéré que sa domination planétaire allait de soi. Le marketing du hamburger a toujours tenu compte des susceptibilités culturelles locales, l'exemple le plus évident étant la suppression de la syllabe ham *(«jambon» en anglais) des menus disponibles dans les pays musulmans. En Israël le McDo de Tel-Aviv ne sert que des burgers cachères, et à La Mecque (eh oui, il y a un* fast-food *dans la cité sainte, géré exclusivement par des musulmans, bien entendu) le bœuf est* halal, *abattu selon le rite islamique. Aux Pays-Bas on propose des burgers végétariens, et des burgers au saumon en Norvège. À Singapour McDonald's offre le Kiasuburger: en hokkien,* kiasu *désigne la caractéristique nationale, la «peur d'être inférieur».*

Le silence est d'or

Quand vous négociez dans les pays du Golfe, préparez-vous à l'usage stratégique du silence. Les Arabes sont habitués à de longues plages de calme général lors de toutes sortes de réunions, et ils savent combien cela embarrasse les Occidentaux. Si vous sentez que cette tactique est employée délibérément, combattez le mal par le mal : taisez-vous à votre tour.

Babel

Lorsque vous vous exprimez par le biais d'un interprète, faites des phrases courtes et claires. Évitez les expressions idiomatiques, source de confusion. Arrêtez-vous régulièrement et dites à l'interprète quand il doit reprendre. À titre d'exemple, traduire de l'anglais en allemand exige 30 % de syllabes en plus. Concentrez-vous sur votre interlocuteur et non sur l'interprète. Il vous observe attentivement et réagit à vos expressions, à votre langage corporel. Ne perdez pas de vue l'avantage qu'il y a à en faire autant.

Ringi seido

Les Américains toujours pressés se plaignent que les Allemands mettent des heures à prendre une décision. Les Néerlandais se complaisent eux aussi dans un processus de réflexion pesant, qui suppose une large consultation *(poldermodel)* avant de tomber d'accord sur quoi que ce soit.

Au Japon, le consensus est tout aussi important. Dans leurs entreprises à la hiérarchie quasi militaire, il existe un système appelé *ringi seido* : chaque proposition nouvelle *(ringisho)* émanant d'un des services circule dans tous les services concernés, remonte aux cadres, au conseil d'administration et au président de la firme. Les commentaires individuels sont formulés sur une feuille attachée au *ringisho* et la direction s'en inspire pour prendre la décision finale. Lors du processus complémentaire de *nemawashi* («faire le tour des racines»), les supérieurs consultent leurs subordonnés de manière informelle avant d'aborder de nouveaux projets. Conséquence de cette recherche du consensus interne, la prise de décision au Japon paraît intolérablement lente aux Occidentaux. En compensation, une fois la décision prise, le personnel se concentre sur le projet et le mène rapidement à bien.

Les points sur les *i*

Pour les Américains, soucieux du court terme, un contrat est un document essentiel par lequel on s'engage et que l'on doit respecter à la lettre. Pour les Chinois, cependant, ce n'est parfois que le début d'une négociation à long terme. Les choses peuvent changer avec le temps. Les bons partenaires doivent se montrer flexibles. Dans d'autres pays où la relation passe avant tout, de la Corée du Sud à la Grèce, la promesse personnelle d'un associé est parfois plus sûre qu'un contrat écrit.

Bien que les Russes aient également une vision à long terme concernant les contrats, ils apprécient que le processus en cours soit mis noir sur blanc et exigent un *protokol* écrit pour établir ce sur quoi on s'est entendu à la fin de chaque rencontre.

E-tiquette

L'e-mail est la technologie de la mondialisation et la plupart des conventions informelles liées à son usage sont universelles : envoyer une copie à des gens que le message n'intéresse pas est aussi mal vu que l'envoi de lourdes pièces jointes sans consultation préalable, surtout si vous les adressez à des gens qui ont beaucoup de mal à récupérer leur courrier avec une connexion plus qu'aléatoire en plein Tadjikistan rural. Médire des autres dans une réponse à un e-mail n'est pas une bonne idée : si vous appuyez par erreur sur la touche «Répondre à tous», vous verrez avec horreur s'effondrer de bonnes relations que vous avez mis un temps considérable à créer.

Le style télégraphique semble également s'imposer. On est passé de «Je vous prie d'agréer, madame, l'expression de mes salutations distinguées» à un simple «Cordialement», parfois encore abrégé en «Cdlt». Les Arabes emploient *Aa*, version très raccourcie du salut *Assalamu alaykum*, et les Chinois concluent parfois par le nombre porte-bonheur 666.

Outre les abréviations, on voit aussi une certaine familiarité s'installer. Les Américains écrivent *xoxo* à des gens qu'il ne leur viendrait jamais à l'idée d'embrasser en chair et en os ; le *x* des Anglais est utilisé dans un contexte professionnel par les correspondants les moins intimes.

Bakchich et affaires

Le gouvernement des États-Unis impose de lourdes pénalités, amendes et peines de prison, aux hommes d'affaires coupables de corruption de fonctionnaire à l'étranger. Ces dernières années, trente-cinq autres nations ont signé la convention anticorruption de l'OCDE. Mais bien d'autres pays ferment les yeux sur les activités de leurs ressortissants outre-mer et autorisent les entreprises à déduire de leurs impôts les dessous-de-table versés par des étrangers.

Souvent, les pots-de-vin accélèrent les choses dans les pays où la corruption est endémique. Mais rappelez-vous qu'en acceptant de verser un « paiement spécial » ou une « commission », vous mettez le doigt dans un engrenage. Ceux qui s'écartent du droit chemin afin d'aller plus vite risquent de le payer cher. L'honnêteté permet quelquefois d'étouffer la corruption dans l'œuf.

Prix d'ami

Sam Walton, à la tête du géant américain de la distribution Wal-Mart, était en visite à Djakarta lorsque des fonctionnaires indonésiens lui demandèrent pourquoi il ne faisait pas fabriquer de vêtements ou d'autres produits dans leur pays. Il répondit qu'il n'achetait jamais sur les marchés où on exigeait un dessous-de-table. Le gouvernement riposta très vite. Les douaniers corrompus se virent retirer la responsabilité de déterminer la valeur des importations, désormais confiée à SGS, firme suisse à la moralité irréprochable. Depuis, Wal-Mart fait affaire avec l'Indonésie.

Du Danemark à la Somalie

Le groupe berlinois Transparency International publie chaque année un indice de la corruption à partir d'une enquête réalisée auprès d'hommes d'affaires internationaux. Les pays considérés comme les moins corrompus figurent aussi parmi les plus riches ; les fonctionnaires mal payés sont peut-être plus sensibles au charme des pots-de-vin.

Le 10 moins corrompus	*Les 10 plus corrompus*
1. Danemark	1. Laos
2. Finlande	2. Afghanistan
3. Nouvelle-Zélande	3. Tchad
4. Singapour	4. Soudan
5. Suède	5. Tonga
6. Islande	6. Ouzbékistan
7. Pays-Bas	7. Haïti
8. Suisse	8. Irak
9. Canada	9. Myanmar (Birmanie)
10. Norvège	10. Somalie

En 2007, la France arrivait au dix-neuvième rang, juste avant les États-Unis.

Mordez le têtard en cire

Même après les négociations, quand le contrat est signé, il reste quantité d'occasions de commettre des méprises catastrophiques lorsque vous évoluez dans une culture que vous connaissez mal. Quand Coca-Cola tenta une percée en Chine, les commerçants qui voulurent proposer un équivalent phonétique de la marque arrivèrent à *Ko-ka ko-la*, qui signifie «Mordez le têtard en cire». C'est seulement plus tard que la firme trouva un autre nom signifiant «Permettez à la bouche de pouvoir se réjouir». Pepsico eut le même problème avec son slogan *Come alive with Pepsi* («Vivez avec Pepsi»): la traduction chinoise était «Pepsi ressuscite vos ancêtres d'entre les morts». Quand Fiat lança son modèle Pinto en Argentine, l'entreprise italienne se heurta à une difficulté, *pinto* désignant l'organe viril en argot local. Les fabricants dublinois de la liqueur Irish Mist auraient dû réfléchir avant de commercialiser leur produit en Allemagne, où *Mist* signifie «fumier».

12

Roméo et... Juliette ? Giulietta ? Julia ?
Relations avec le sexe opposé

En Europe de l'Ouest comme aux États-Unis, les mœurs et le droit vous encouragent à agir comme si les mêmes opportunités étaient offertes aux deux sexes dans tous les domaines, exception faite des inégalités voulues par la nature. Mais cette attitude n'a rien d'universel. Vous serez peut-être choqué de découvrir que cette ouverture d'esprit est typiquement occidentale et qu'ailleurs non seulement les femmes n'ont pas le droit de s'habiller comme les hommes, mais qu'elles doivent aussi se comporter de façon très différente...

Ma moitié

C'est peut-être au Moyen-Orient que les Occidentaux auront le plus de mal à comprendre les relations entre les deux sexes, puisqu'elles sont complètement à l'opposé de ce qu'ils connaissent chez eux. Les femmes arabes sont en général tenues de s'habiller avec pudeur et de se soumettre au sexe fort, au point qu'un homme peut en saluer un autre en ignorant la présence de son épouse. L'homme peut aller dîner en ville chez des Occidentaux en laissant son épouse chez lui, même si c'est le couple qui est invité. Si sa femme l'accompagne, c'est parce qu'il l'a décidé. À la maison, les sexes sont séparés, les femmes sont au service des hommes.

S'ils ne sont pas unis par le mariage ou par une parenté très proche, un homme et une femme éviteront les situations où ils risquent de se retrouver en tête à tête, même brièvement. Il est incorrect de rester ensemble dans une pièce dont la porte est fermée, ils ne doivent pas non plus se trouver seuls dans une voiture ; en Arabie Saoudite, ils seraient arrêtés par la *Muttawa* (voir p. 69). Ils ne doivent en aucun cas se donner rendez-vous. Le Coran et les *hadith* prescrivent cent coups de fouet comme châtiment pour les relations sexuelles prémaritales, et cette punition est encore parfois appliquée en Iran et en Arabie Saoudite. Quant à l'adultère, il est puni par la lapidation.

Dans les pays arabes les plus traditionalistes, les étrangers peuvent également s'attirer des ennuis même s'ils restent entre eux. Il n'y a pas si longtemps, un Américain qui embrassait une compatriote dans sa voiture fut arrêté par un membre de la garde nationale saoudienne. La coupable fut expulsée du pays et le coupable incarcéré. Cela ne veut pourtant pas dire qu'en privé tout le monde respecte les règles. Une Saoudienne qui écrit sous le nom de plume « Mystique » affirme que l'histoire d'amour qu'on peut lire sur son blog est une fiction, mais qui se déroule de manière réaliste dans l'Arabie Saoudite contemporaine. Même chose pour l'ouvrage très révélateur de Rajaa Alsanea, *Les Filles de Riyad*.

Macho

Bien que les sexes puissent se côtoyer librement en Amérique latine, et que des lois contre la discrimination sexuelle existent et soient appliquées, beaucoup d'hommes se considèrent encore comme supérieurs et sont fiers de leur virilité agressive. Ce machisme se traduit par une certaine galanterie (on ouvre la porte aux dames, on les laisse entrer en premier dans les ascenseurs), mais il faut aussi subir l'assurance épuisante du prédateur mâle. Les femmes qui voyagent seules dans ces pays, même pour raisons professionnelles, ont intérêt à porter une alliance pour dissuader les admirateurs indésirables. Mieux vaut encore avoir une collection de photos de vos enfants. Un Casanova brésilien considère une femme mariée sans enfants comme un défi, mais changera d'avis face à une *madre*. Une femme d'affaires qui invite un homologue à un repas doit lui demander de venir avec son épouse ou, du moins, avec une collègue.

Chevaleresque

Malgré son égalitarisme historique (théorique), la Russie a une culture très machiste. Les femmes y sont considérées comme subordonnées aux hommes et beaucoup d'entre elles avouent ne se sentir vraiment femmes qu'avec un «homme russe traditionnel». Le 8 mars, journée des Femmes, les Russes font un gros effort, apportent des fleurs à leur épouse, préparent eux-mêmes un repas romantique et font ensuite la vaisselle. Mais l'existence même de cette journée de renversement des rôles ne fait que souligner le *statu quo* qui règne pendant toute l'année. Une femme d'affaires étrangère aura peut-être du mal à se faire prendre au sérieux par ses homologues du sexe masculin. Le baisemain et autres politesses démodées ne sont pas perçus comme condescendants par ceux qui les prodiguent (rappelez-vous que pour un homme « se marier » se dit *jenitsa na dievouchke*, « prendre une fille », tandis que pour une femme c'est *vyhodit zamouj*, « marcher derrière son homme »).

Relations ougandaises

Le machisme est également très fort en Afrique. Dans les villages du Botswana, c'est seulement depuis peu que les femmes ont le droit de s'asseoir au *kgotla* (« lieu de réunion ») où le chef rend la justice ; dans les zones rurales, les jeunes femmes baisseront la tête sur votre passage, car on leur a appris qu'il est irrespectueux de regarder un homme dans les yeux. Dans certaines régions rurales de l'Ouganda, les épouses traditionnelles s'agenouillent encore pour parler à leur mari ou à d'autres hommes ; même en ville, il arrive qu'une femme plie le genou.

Fouettez-les toutes

Chez les Hamars du sud de l'Éthiopie, la domination physique des mâles atteint des extrêmes. Quand vient pour un jeune homme le moment de l'initiation (il saute par-dessus un rang de taureaux cas-

trés), ses sœurs doivent se laisser fouetter par un groupe d'hommes récemment initiés, les maz. *Et ce n'est pas fini. Une fois mariée, l'épouse doit s'attendre à être régulièrement battue si elle manque à ses devoirs (tenir la maison propre, préparer les repas).*

Les règles

Aux États-Unis, où l'égalité des sexes sur le lieu de travail est prescrite par la loi et où certaines entreprises vous demandent même de consulter un supérieur avant d'inviter un(e) collègue à boire un verre, on pourrait s'attendre à ce que les relations soient plus modernes. Pas du tout. Après un quart de siècle passé à essayer de traiter les hommes comme leurs égaux, à régler la note au restaurant, à téléphoner quand elles en ont envie, etc., beaucoup de femmes en sont revenues à un modèle plus traditionnel : elles veulent que l'homme invite, qu'il paye et qu'il soit romantique (et ce, malgré les sarcasmes qu'a suscités le succès planétaire du livre *Les Règles : secrets pour capturer l'homme idéal*). Attirons néanmoins l'attention des don juans étrangers sur une évolution récente : au restaurant, il se peut que la dame propose de payer sa part de l'addition mais, si l'homme accepte, elle pensera qu'il ne s'intéresse pas à elle et refusera même de le revoir.

Roméo et...

Ces méthodes rétros n'étonneront pas les jeunes (et moins jeunes) Roméo italiens. Comme vous le dira toute étrangère qui s'est promenée seule à Florence, Milan ou Naples, la règle dans cette partie du monde est que ce sont les garçons qui vont à la chasse. Il existe un type de mâle italien qui flirte comme il respire. Manifester son intérêt pour une fille n'a rien de honteux, et, si elle le repousse, il tentera de la faire rire, lui offrira un cadeau, lui proposera un tour en Vespa, généralement avec beaucoup d'insistance. Le revers de la médaille n'apparaît que plus tard : il vit encore chez sa mère, qui lui fait sa lessive et son repassage, et, s'il vous aime vraiment, il voudra que vous la remplaciez dans ces charmantes fonctions.

En Espagne, les rendez-vous amoureux se font en groupe. Un jeune Espagnol vous témoignera son intérêt en vous présentant aussitôt à tous ses amis. Le Français, au contraire, voudra vous rencontrer seule, dans le restaurant de son choix, pour vous faire découvrir ce petit vin qu'il est seul à connaître.

Propos morts

Dans le nord de l'Europe, on préfère éviter le bavardage. En Suède, la conversation courante est surnommée « propos morts ». Si une liaison amoureuse naît dans ces contrées, votre partenaire se montrera non seulement laconique, mais sincère. Quand vous lui demanderez ce qu'il pense de votre robe, il vous le dira, de manière précise et pas forcément flatteuse.

> **Romantisme du portable**
>
> *En Égypte, les jeunes musulmans qui veulent contourner les codes sociaux sévères et goûter les hasards du flirt à l'occidentale exploitent les possibilités offertes par la technologie moderne. Grâce à leur téléphone mobile, ils peuvent s'affranchir des interdits qui empêchent d'aborder une inconnue dans un café ou dans la rue. Si tout se passe bien, le seul problème est de trouver un moyen pour que, ensuite, leurs parents respectifs se rencontrent et arrangent tout comme il faut.*

C'est du sérieux

Jusque récemment encore, les jeunes Chinois désireux de se fiancer ou se marier devaient en demander l'autorisation aux supérieurs de leur *danwai* («unité de travail»). Ce n'est plus guère le cas, mais si un homme et une femme sortent ensemble, on supposera qu'ils envisagent de se marier. Les visiteurs occidentaux doivent en tenir compte s'ils éprouvent de l'attirance pour un(e) autochtone.

Le cap de la trentaine

De même, en Occident, le rendez-vous galant était traditionnellement une étape sur la voie du mariage. Certaines cultures ont élaboré des coutumes qui soulignent cet aspect. En Allemagne, il existe encore une exquise fête au cours de laquelle on châtie publiquement les individus qui ont atteint la trentaine sans se marier. Accompagnés de leurs amis, les criminels sont emmenés à l'église, à la mairie ou au théâtre : les hommes doivent balayer les escaliers et les femmes doivent nettoyer des poignées de porte couvertes de cirage. Ces tâches ne peuvent s'interrompre que si un être vierge du sexe opposé vient les embrasser, avec éventuellement l'intention de les tirer de leur célibat scandaleux. Il s'ensuit généralement des agapes qui durent toute la nuit.

Les liens du mariage

Malgré tout le battage que font les magazines, le mariage n'est plus la norme dans la majorité des pays occidentaux. Aux États-Unis, le taux annuel d'unions légales est tombé de 9,8 pour 1 000 en 1990 à 7,4 en 2004. Même déclin en Europe. En 1970, le taux était de 7,9 pour 1 000 dans les pays de l'UE ; il n'était plus que de 4,8 en 2004. Dans ces cultures progressistes, vivre ensemble sans être mariés ne vous vaut aucun stigmate, pas plus que d'avoir des enfants hors mariage. Les derniers chiffres des États-Unis montrent que 37 % des nouveaunés ont une mère non mariée ; plus de la moitié de ces femmes vivent sous le même toit que le père.

L'ouvre-bouche

Pour ceux qui veulent encore emprunter le parcours classique jusqu'à l'autel, toutes sortes de traditions existent. Dans de nombreuses cultures, le jeune homme doit demander à son futur beau-père la main de sa bien-aimée, cérémonie qui, en Grande-Bretagne, se borne aujourd'hui souvent à payer un verre au vieux, dont la seule réponse possible est un consentement.

En Afrique subsaharienne, en revanche, l'homme doit non seulement poser la question à son beau-père, mais aussi le dédommager de la perte de sa fille par un paiement appelé *lobola* (*bogadi* au Botswana). Dans les zones rurales, on paie en bétail : de quatre à douze vaches (ou bien on construit une hutte pour le beau-père). Les couples urbains suivent encore la pratique du *lobola*, mais en liquide, et le prix de la mariée fait souvent l'objet de longues négociations entre les familles. Pour faciliter le processus, on peut placer sur la table une bouteille d'eau-de-vie appelée *mvulamlomo* («ouvre-bouche»); c'est un simple geste, car on la boit rarement.

Meurtre en cuisine

En Inde, à l'inverse, c'est la jeune mariée qui apportait traditionnellement une dot, d'où de sérieux problèmes quand sa belle-famille jugeait celle-ci insuffisante; certains sont même allés jusqu'à assassiner des mariées qui ne procuraient pas assez d'argent. Les dots sont désormais illégales, mais la coutume se maintient, tout comme ces tragiques «meurtres en cuisine» (il s'en commet un toutes les cent minutes selon les statistiques indiennes). Les jeunes mariées trop peu dotées périssent de mort «mystérieuse» de la main de leur belle-famille, généralement dans le cadre d'un «accident domestique».

C'est un sujet très sensible en Inde, où certaines familles tiennent à préserver l'*izzat* («honneur») au sein de leur communauté. Les étrangers feront mieux de ne pas aborder la question.

Semi-arrangé

Il fut un temps où les mariages musulmans et hindous étaient entièrement arrangés ; souvent, les futurs mariés ne se voyaient pas avant le jour de la cérémonie, s'apercevant d'abord dans un miroir à main. Aujourd'hui, surtout dans la diaspora asiatique, beaucoup de ces mariages arrangés ressemblent davantage à un club de rencontres sous l'égide des parents. On parle de « mariage semi-arrangé » ou de « présentation arrangée ». Avec l'accord de l'un des futurs mariés, beaucoup de parents font désormais passer des petites annonces dans les journaux appropriés ou écument les sites Web spécialisés, dans l'intérêt de leurs enfants. Ils choisissent un bon parti, d'après des critères de caste, d'environnement familial, de fortune et de physique. La rencontre du couple potentiel est ensuite arrangée, en présence des parents ou, dans les familles plus tolérantes, de chaperons. On peut même autoriser le couple à faire une petite promenade non surveillée. Même dans les contextes les plus traditionnels, où les futurs ne se voient pas avant le grand jour, il y aura sans doute eu échange de photos, de CV, d'e-mails, ou au moins une conversation téléphonique. À l'autre bout du spectre, à peu près tout est possible : il y a même des « mariages d'amour » mêlant religions ou ethnies différentes.

Honorable rencontre

Au Japon, une version moins stricte de la présentation arrangée permettait aux jeunes de se découvrir. On appelait *omiai* («honorable rencontre») ce genre de *blind date* où un homme et une femme d'âge nubile étaient réunis par un *nakodo* («entremetteur»). Cet intermédiaire connaissait les intéressés et, non content de les présenter, restait impliqué s'ils se mariaient, prononçait un discours lors des noces et servait ensuite de conseiller conjugal en cas de problème.

Si vous êtes en mal d'amour durant votre séjour au Japon, vous verrez que la tradition de l'*omiai* persiste, mais de manière bien moins officielle. Les amis ou la famille peuvent suggérer une personne qui plairait à tel célibataire. On échange des photos et, si les deux individus se plaisent, une rencontre est arrangée dans un lieu public. Les parents et intermédiaires y assistent au début, le temps de faire les présentations, afin que les deux tourtereaux en apprennent un peu plus l'un sur l'autre. C'est le moment où l'on peut échanger les CV. Puis on laisse les «amoureux» bavarder en tête à tête. Si tout se passe bien, d'autres entrevues suivront, mais le choix ultime (poursuivre ou quitter le navire) appartiendra aux principaux intéressés.

L'*omiai* moderne peut même être arrangé par l'entreprise (pour ses employés) ou par des *kekkon sodanjo* («agences de consultation matrimoniale»).

Schmuching

Le Talmud affirme qu'un homme ne peut épouser une femme sans l'avoir vue. Pourtant, parmi les juifs orthodoxes, les relations amoureuses se limitent à la recherche d'un partenaire conjugal. Une *shidduch* («union») peut commencer par la suggestion d'un *shadchan*: un membre de la communauté qui s'est attribué le rôle d'entremetteur et qui compte bien être payé si la *shidduch* aboutit. Les partenaires proposés font l'objet d'une enquête menée par la famille et les amis, qui s'assurent de leur moralité, de leurs perspectives professionnelles et de leur religiosité. Si tout paraît satisfaisant, une rencontre aura lieu, mais sans aucun *schmuching* («câlin»), sans rien qui puisse conduire à un attachement sentimental; si l'un repousse l'autre, personne n'en sera blessé. Si tout se passe bien, en revanche, les fiançailles et le mariage suivront vite. La *shidduch* a suscité de nombreuses plaisanteries dans la communauté juive, mais on prétend qu'elle revient en force à notre époque d'unions brisées.

Golf, henné, vaisselle

Les fêtes liées à un mariage à venir sont communes à de nombreuses cultures et se déroulent souvent entre amis du même sexe. En Grande-Bretagne, l'enterrement de la vie de garçon prend désormais la forme d'un week-end complet, qui peut inclure un tournoi de golf en Irlande ou une partie de tir à la kalachnikov en Estonie. L'équivalent féminin, bien que d'invention plus récente, est souvent plus audacieux : stripteaseurs, jeux aux gages sophistiqués, nouveautés coquines.

En Inde, on est plus sage. Les amies d'une future mariée hindoue passeront une soirée à lui orner les mains (et parfois les pieds) de motifs traditionnels peints au henné. C'est ce qu'on appelle la *mehndi* ; on engage parfois un spécialiste de la peinture au henné *(mehndiwali)*. Si vous êtes invitée à ce genre de festivités, portez une jupe longue, verte ou orange, avec un châle pour couvrir vos bras nus. Si vous possédez un sari, n'hésitez pas à le porter : toutes les participantes seront en tenue traditionnelle. Préparez-vous à beaucoup de chansons et de danses.

Les Allemands, eux, mêlent les sexes pour leur *Polterabend* (« la soirée où l'on casse beaucoup de porcelaine »). Si vous y êtes invité, sentez-vous libre d'apporter deux ou trois vieilles assiettes. Les parents et amis des mariés en feront autant, et l'on cassera toute cette vaisselle par terre devant le futur couple, avec le résultat évoqué par le vieux proverbe *Scherben bringen Glück* : « La vaisselle cassée porte bonheur ».

13

La mariée était en...
Le grand jour et ses conséquences

Si vous avez la chance d'assister à un mariage à l'étranger (peut-être même le vôtre), vous vous serez naturellement préparé à quantité de différences exotiques : faire le tour d'un feu allumé dans les cultures hindoues, surmonter de faux obstacles à Singapour. Ce qui pourra vous étonner, ce sont les nombreuses ressemblances, y compris les facéties de fin de banquet...

Blanc et rouge

Dans les cultures occidentales, la mariée porte traditionnellement une robe blanche, symbole de pureté (le voile étant un symbole de virginité). De nos jours, comme les futurs époux ont parfois vécu ensemble des années avant de franchir le pas, sans parler de tous les concubins qu'ils ont pu avoir auparavant, on préfère parfois d'autres couleurs, même si le blanc (ou du moins le crème) reste très en vogue.

Aujourd'hui, les robes blanches « style chrétien » ont également la faveur au Japon, où on décore les salles pour qu'elles ressemblent à des églises européennes et où la cérémonie est célébrée par un prêtre vêtu à l'occidentale (c'est l'habit qui fait le moine !). Dans une cérémonie shinto traditionnelle, la mariée porte un kimono nuptial blanc ou multicolore, la combinaison rouge-blanc étant considérée comme de bon augure. Elle a le visage maquillé en blanc. Sur sa coiffure compliquée, elle porte un large capuchon blanc appelé *tsuno-kakushi* («cache-cornes»), l'idée étant qu'elle doit masquer les diaboliques «cornes de la jalousie» qui apparaîtront inévitablement par la suite. Les invités portent un costume noir, une chemise blanche et une cravate blanche, les invitées sont en kimono ou en robe de cérémonie.

En Chine, la mariée est en rouge, couleur des fêtes et de la chance. Même son voile est rouge. Dans le nord de l'Inde elle porte un sari nuptial rouge, et dans les pays musulmans des *gharara* rouges (tunique et pantalon bouffant). Les seules autres femmes en rouge seront les jeunes mariées; si vous êtes invitée, évitez cette couleur. Évitez aussi le blanc, que vous soyez un homme ou une femme, car c'est la couleur des funérailles.

La traîne de 11 h 43

En Thaïlande, on consulte habituellement un astrologue pour s'assurer que le mariage aura lieu au moment le plus favorable de la journée la plus favorable. Les astrologues indiquent souvent l'heure à la minute près, ce qui explique pourquoi les mariages thaïlandais ont lieu à des horaires bizarres, comme 11 h 43 ou 15 h 52. Si vous êtes invité, ne vous en faites pourtant pas. Arrivez tôt si vous voulez voir le défilé jusqu'à la maison de la mariée ou la cérémonie de l'eau sacrée. Mais si vous ne vous présentez qu'à la réception, personne ne s'en offusquera et vous ne serez pas le seul: la moitié des invités seront aussi en retard.

L'amour et les astres

En Inde, les astrologues ont décrété en 2003 que la configuration des planètes serait désastreuse entre juillet et octobre. Il n'y eut donc pratiquement aucun mariage pendant cette période et l'industrie des fêtes nuptiales connut un sérieux recul. Les 27, 28 et 29 novembre, pourtant, les planètes étant redevenues très favorables, on célébra quatorze mille mariages par jour rien qu'à Delhi. Les salles de banquet, jusque-là vides, furent à nouveau bondées, et ce fut la pénurie d'orchestres, de prêtres, de chevaux, de chameaux et d'éléphants. Le même phénomène se reproduisit en 2006, où Delhi connut trente mille mariages le soir du 13 décembre.

Vive le marié !

Dans beaucoup de pays, le futur époux attend traditionnellement la future épouse, qui retarde toute la cérémonie. Si vous êtes au Salvador, ne vous inquiétez pas de voir le mariage commencer sans elle. C'est normal. Lorsqu'elle entrera dans l'église, tout le monde entonnera un chant nuptial.

Lors des mariages hindous, en revanche, c'est la mariée qui attend le futur et sa suite, venus en procession, à pied, à cheval ou même à dos d'éléphant. Si vous êtes l'heureux élu, n'oubliez pas d'apporter une guirlande de fleurs pour la mariée et une noix de coco pour sa mère.

La corde au cou

La plupart des cérémonies nuptiales comportent des rites symbolisant la fin de deux vies séparées et le début d'une vie commune. En Colombie, les futurs époux prennent chacun une bougie pour en allumer une troisième, unique. Lors d'un mariage juif, le couple boit dans la même coupe. Au Japon, les conjoints partagent le même verre de saké pas moins de neuf fois devant le prêtre, lors d'un rituel appelé *san-san-kudo* («trois-trois-neuf fois»).

Au Mexique, les mariés sont attachés ensemble par une corde pendant la cérémonie. La tradition cambodgienne veut que chaque invité noue une ficelle aux poignets du couple; en Grèce et en Thaïlande, les futurs portent des couronnes liées par un ruban. En Écosse, les mariages celtes incluent le rituel d'union des mains. Dans les mariages parsis, le prêtre place la main droite de la femme dans la main droite de l'homme, puis les lie ensemble sept fois. Lors des mariages traditionnels hindous, les mains du couple sont réunies par du fil sacré tandis qu'ils prient ensemble pour que les dieux leur accordent de vivre heureux jusqu'à la fin de leurs jours.

Vous pouvez maintenant…

En Occident, les nouveaux époux s'embrassent une fois les vœux échangés. De nos jours, il s'agit souvent d'un vrai baiser sur les lèvres, chaleureusement applaudi par toute l'assistance. Lors d'un mariage hindou, un témoignage d'affection aussi direct paraîtrait déplacé. Mieux vaut un léger bécot sur la joue après les *saptapadi* (les sept derniers pas pendant lesquels sept vœux sont prononcés), mais cela même pourrait choquer les invités les plus âgés. Un chaste baiser figure désormais au programme de certains mariages musulmans, mais serait certainement mal vu par les traditionalistes.

Au suivant

Au Mexique, la mariée place son bouquet devant la statue de la Vierge avant de quitter l'église. Lors des mariages chrétiens, dans la plupart des pays, elle l'emporte avec elle et, après la cérémonie, le lance par-dessus son épaule vers ses amies célibataires. Celle qui l'attrape sera la prochaine à se marier. On rencontre une variante de cette coutume en Turquie, où les amies de la mariée écrivent leurs noms dans ses chaussures avant le mariage. Le nom qui est effacé à la fin de la cérémonie appartient à celle qui se mariera la première. En Espagne, les amis du marié ont toutes leurs chances : ils n'ont qu'à lui subtiliser un morceau de sa cravate pour être les suivants à l'autel. Un visiteur étranger n'a probablement pas intérêt à s'approcher le premier, les ciseaux à la main.

Le boss

De nombreuses superstitions entourent le grand jour, partout dans le monde. En Italie, s'il pleut, la mariée sera heureuse (consolation pour une journée gâchée). En Corée, si le marié sourit beaucoup pendant la cérémonie, son premier enfant sera une fille. Lors d'un mariage hindou, le premier à s'asseoir après que les mariés ont fait quatre fois le tour du feu pourra régenter leur mariage.

Pas si vite...

Les obstacles simulés au mariage sont une autre tradition curieuse. À Singapour, l'esthéticienne traditionnelle appelée *mak andam*, accompagnée de membres de la famille de la promise, demandera au futur époux un « droit d'entrée » avant de l'autoriser à voir sa mariée fraîchement pomponnée. Dans certains villages de France des enfants barrent la route des mariés avec un ruban, tandis qu'au Japon on peut utiliser une corde de paille pour « obtenir la rançon ».

Par-dessus le balai

Dans certains milieux afro-américains, les mariés doivent sauter par-dessus un balai généralement couvert de décorations. Il sera ensuite suspendu au mur chez eux. Les origines de cette coutume sont mystérieuses. À une époque, il s'agissait sans doute d'un substitut de cérémonie destiné aux esclaves, qui n'avaient pas le droit de se marier. Faut-il pour autant l'abandonner ? Faut-il au contraire y voir un rite d'affranchissement par rapport à l'esclavage ? La question n'est toujours pas tranchée. La plupart des gens pensent que cette tradition vient d'Afrique occidentale, où le balai avait une signification spirituelle parmi les Ashantis, pour éloigner les maux et les esprits malfaisants. Certains la rattachent en revanche aux détestables esclavagistes écossais et irlandais, le saut par-dessus le balai étant aussi une tradition celte.

Canards mandarins

Conserver un souvenir de l'événement pour la postérité compte désormais presque autant que la cérémonie proprement dite. En Angleterre, la photo de groupe peut prendre des heures si le photographe est un peu trop zélé. En Italie, le processus est très officiel, avec cocktail spécial au début de la réception, pendant lequel les mariés restent à l'écart pour les photos pendant que les invités s'amusent. En Chine, les jeunes couples se rendent dans un parc avant le banquet pour qu'on les filme : sur la vidéo, on les voit échanger des mouchoirs neufs (rouges de préférence), ornés de canards mandarins, connus pour leur monogamie.

Évitez de prendre des photos pendant la cérémonie religieuse. Cela déplaît souvent aux invités les plus pieux, quand ce n'est pas interdit par le prêtre. Ensuite, profitez-en, mitraillez, cela sera très bien accepté.

La pièce montée

Le découpage du gâteau est un rituel universel. Quand les jeunes mariés se dirigent vers la table, les invités s'écartent et se taisent. Le marié tient la main de la mariée pour le découper ensemble, tout en faisant des vœux secrets. En Arabie Saoudite, une fois la première tranche coupée, le marié la tend à la mariée pour qu'elle goûte ; puis la mariée tend une tranche au marié, sous les applaudissements de la noce. Ces gestes symbolisent le fait que les nouveaux époux doivent désormais prendre soin l'un de l'autre.

Un discours!

Lors d'un mariage, il vient toujours un moment où quelqu'un prend la parole. Aux États-Unis, c'est en général pendant le «dîner de répétition» qui a lieu la veille au soir, quand les parents et amis des futurs mariés rivalisent de flatteries et de gentillesses sur ce couple formidable. Ce n'est pas le moment de critiquer les fiancés ou de se moquer d'eux.

Pourtant la plupart des discours ont lieu lors de la réception. L'Australie et la Nouvelle-Zélande suivent l'étrange coutume britannique selon laquelle, après l'éloge (souvent ému et bavard) de la mariée par son père, quand les nouveaux époux ont remercié tout le monde, le garçon d'honneur met le marié mal à l'aise en racontant des épisodes peu glorieux de son passé de célibataire. En Allemagne, de manière plus constructive, les deux pères chantent les louanges des mariés, et tout le monde peut les imiter. De même, les réceptions japonaises incluent de nombreux toasts et discours de félicitations.

Hong bao

Dans la plupart des mariages, les parents et les invités offrent des cadeaux aux jeunes époux. En Chine, les aînés offrent des enveloppes rouges *(hong bao)* contenant de l'argent lors de la cérémonie du thé, qui marque le point culminant de la journée. Aux Philippines, une pluie de billets tombe sur la mariée lorsqu'elle danse ; aux États-Unis, les communautés mexicaine et hispanique ont leur « danse du dollar », pendant laquelle les invités « paient » pour danser avec le marié et la mariée en leur agrafant des billets sur une ceinture spéciale. Lors des mariages hindous, c'est aussi en liquide que se font les cadeaux traditionnels. En Inde, veillez à ce que la quantité de dollars que vous offrez soit un nombre porte-bonheur, se terminant par 1.

Pour un mariage japonais, on offre aussi du liquide : des billets neufs, pas froissés, placés dans une enveloppe spéciale appelée *shugibukuro*, qu'on trouve dans les papeteries. Votre don peut aller de 10 000 à 100 000 yens (n'en offrez surtout pas 40 000, 60 000 ou 90 000 : ces nombres portent malheur) ; tout dépend de votre relation avec les conjoints. La qualité de votre enveloppe doit refléter la somme qu'elle contient. Écrivez votre nom sur le devant, en bas, et placez l'enveloppe sur un carré de tissu rouge ou violet appelé *fukusa*.

Ne soyez pas étonné si vous recevez aussi un petit quelque chose. Dans le pays des cadeaux à l'infini, les mariés sont censés imiter votre générosité. À la fin de la fête, soit vous aurez droit à un catalogue spécial où vous pourrez choisir ce qui vous plaît, qui vous sera donné plus tard, soit on vous remettra à votre départ un petit sac ou un présent plus substantiel, le *hikidemono* (« cadeau en retour »).

Offert par…

Aux Philippines, beaucoup de fournitures du mariage (bougies, fleurs, décoration, jusqu'à la robe et à la réception) sont financées par des tiers. Si on vous demande votre contribution, c'est un grand honneur, comme si vous étiez sollicité pour être parrain d'un enfant.

Blagues hilarantes

Le départ des jeunes mariés est évidemment une occasion propice à diverses facéties. En Grande-Bretagne, on décore parfois la voiture des nouveaux époux avec des slogans écrits à la mousse à raser, avant d'attacher aux pare-chocs des canettes vides et autres objets bruyants. En Arabie Saoudite, les amis du marié vont souvent plus loin pour contrarier son départ : ils le kidnappent alors qu'il est sur le point de partir et l'emmènent dans le désert pour un pique-nique qui peut durer deux ou trois jours. En France, le « charivari » traditionnel inclut parfois, entre autres joyeusetés, la porte de la chambre nuptiale condamnée, le miel ou les chardons dans le lit, les clochettes attachées au sommier. Il arrive que les invités se rassemblent devant la chambre, munis de casseroles et de poêles sur lesquels ils frappent pour exiger qu'on les laisse entrer.

Bruja

Où que vous soyez dans le monde, rappelez-vous qui est la personne la plus importante lors d'un mariage : la mère de la mariée. C'est son grand jour, ne l'oubliez jamais. Si vous vous perdez dans l'organisation, le protocole, les toasts, les cadeaux, le cérémonial, la meilleure chose à faire est de consulter celle qu'on appelle en espagnol la *bruja*, mot signifiant «sorcière» mais qu'on emploie aussi pour «belle-mère». Elle ne peut pas se tromper.

Peu après ou parfois avant…

La douche du bébé

À Malte, la tradition veut que s'il pleut des cordes le jour de votre mariage, la naissance de votre premier enfant se déroule facilement. Pour s'assurer ce résultat, beaucoup de mariées insulaires choisissent délibérément une date en automne : la Sainte-Ursule (21 octobre), la Sainte-Catherine (23 novembre) ou la Sainte-Lucie (13 décembre).

Les Américaines, pour leur part, sont si convaincues que tout ira bien qu'elles fêtent la naissance par avance lors d'un *baby shower* («douche du bébé») : les amies de la future maman l'arrosent de cadeaux pour elle et son petit. Si vous êtes invitée à cet événement, apportez ce que vous voulez, du bain moussant aux chaussons pour bébé. Mais dans de nombreuses autres cultures, surtout en Afrique et en Orient, ce genre de festivités serait considéré comme dangereux ; offrir à la mère un cadeau pour le bébé avant qu'il soit né attire le mauvais sort.

Juste une petite visite

*Les Akans du Ghana attendent que le bébé ait vécu au moins sept jours avant de lui donner un prénom. Le nouveau-né pourrait n'être qu'un esprit venu voir le monde avant de s'en retourner dans son domaine. La mère et l'enfant restent donc à la maison et on ne célèbre guère l'événement pendant la première semaine. Si le bébé meurt, on ne prend pas le deuil. Au bout de sept jours, il devient clair que le petit individu a l'intention de rester. On peut alors procéder à la « cérémonie du nom », l'*Edin Toa*, en présence d'un prêtre, de parrains et de membres de la communauté.*

Bien coupé

Les juifs attendent huit jours après la naissance pour circoncire leurs enfants de sexe masculin. On apporte le nouveau-né dans une salle où sont réunis la famille, un rabbin et différents personnages clés de la cérémonie. Tout le monde se lève et dit *Baruch haba!* («Bienvenue!», littéralement: «Béni soit celui qui vient!»).

Le *mohel*, ou circonciseur rituel, prend alors les choses en main. Autrefois, il s'agissait souvent du boucher du village et la circoncision avait lieu le matin, quand ses couteaux étaient encore propres; de nos jours, on fait plutôt appel à un médecin. Après avoir béni l'assemblée une première fois, le *mohel* récite une prière, puis crie *Kvatter!*: la mère remet son bébé à la *kvatterin* («marraine»), qui le confie à son tour au *kvatter* («parrain»), qui le tend au *mohel*, qui le place sur les genoux du *sandak*, l'homme choisi pour tenir l'enfant pendant la circoncision.

D'autres bénédictions entourent l'événement proprement dit. On offre ensuite au bébé une goutte de vin et on lui donne un prénom, dans une prière spéciale. Ne vous asseyez pas n'importe où. Il arrive que des hommes robustes s'évanouissent lorsqu'ils assistent à cette cérémonie.

Bien dégagé autour des oreilles

Vous ne vous tromperez jamais en disant à de jeunes parents que leur bébé est superbe, même s'il ressemble à un monstre. Mais suggérer que le cher ange aurait besoin d'aller chez le coiffeur est un sujet délicat. Dans de nombreuses cultures, la première coupe de cheveux a une importance capitale. Dans des pays comme la Turquie, l'Arménie, la Syrie et l'Iran, les Yazidis attendent sept mois pour couper les cheveux d'un garçon, lors de la cérémonie appelée *bisk*. Les Afro-Américains ont l'habitude de couper les cheveux d'un bébé au moment de son premier anniversaire, tout comme les Ukrainiens, selon la coutume de *postryjennya*. Les juifs hassidiques attendent que l'enfant ait 3 ans pour l'*upsherenish* («découpe»). Chez les hindous, la première coupe de cheveux, la *choula*, fait partie d'une suite de rituels de purification ; elle compte d'autant plus que les cheveux de naissance sont associés aux caractéristiques déplaisantes des vies antérieures. La *choula* a lieu durant la première ou la troisième année d'un garçon, et beaucoup de familles se rendent dans un sanctuaire réputé pour accomplir cette cérémonie.

Aveugler le diable

En Grèce, quand vous voyez le bébé d'un ami pour la première fois, dites *Na sas zísi* («Puisse-t-il vivre pour vous») ou *Zoí na éhi* («Puisse-t-il être plein de vie»). Certains feront précéder ce vœu du bruit d'un crachement, répété trois fois. Le but est d'aveugler le diable et d'écarter le même «mauvais œil» qui inquiète les mères mexicaines (voir p. 39), entre autres.

Agusto

En Occident, on fait généralement dormir le nouveau-né seul, même si c'est simplement dans un couffin posé dans la chambre de ses parents. Ce n'est pas le cas dans de nombreuses parties du monde, du Japon à l'Afrique, où ne pas prendre le bébé dans le lit conjugal apparaîtrait comme une négligence coupable. En Amérique latine, le sentiment créé par cette intimité est appelé *agusto*, la proximité qui naît lorsqu'on se blottit contre un parent.

Bien élevés

Les attitudes en matière d'éducation varient d'un bout à l'autre de la planète. Aux Pays-Bas, on encourage les enfants à être indépendants dès leur plus jeune âge: ils expriment leurs opinions et appellent souvent leurs parents par leurs prénoms. Il n'en va pas de même aux Philippines, où les enfants sont censés rester assis calmement et ne pas interrompre les adultes. Dans cette partie du monde, les parents d'un enfant turbulent doivent immédiatement présenter leurs excuses et prendre les mesures qui s'imposent ou faire sortir le perturbateur.

Inconnus indiscrets

Si vous emmenez vos enfants avec vous en Chine, ils ont de grandes chances d'être au centre de l'attention générale, surtout s'ils sont blonds ou roux. En Russie, ne soyez pas surpris si un parfait inconnu vient vous réprimander sur la façon dont vous les élevez. S'il fait froid, par exemple, et que l'enfant ne porte ni manteau ni bonnet, on vous fera clairement comprendre que votre conduite est irresponsable. Cela se produit très souvent ; n'y voyez pas une attaque personnelle.

Vendredi de célibataire

Une fois les mains dans la vaisselle ou dans les couches, les hommes en viennent parfois à regretter les jours d'insouciance où ils n'étaient pas encore mariés et où ils pouvaient voir leurs potes. Cette nostalgie n'a pas toujours de raison d'être. En Bolivie, les hommes mariés ont leur *viernes de soltero* («vendredi de célibataire»), où ils vont au restaurant ou au bar sans leur épouse. Les *hombres* libérés parlent *fútbol* (obsession nationale) et jouent au *cacho*, un jeu de dés, ou au *sapo*, où l'on essaie de lancer de petits morceaux de métal dans un réceptacle en forme de gueule de crapaud.

Petite épouse

Les Thaïlandais ne sont pas réputés pour leur fidélité conjugale. Outre le recours aux nombreux services appropriés existant dans leur pays, certains riches Thaïs entretiennent parfois une *mai noi*, une «petite épouse», dans une maison séparée. Dans certains milieux, une *mai noi* séduisante est considérée comme un signe de réussite sociale, et un homme peut en avoir plusieurs.

Je survivrai

Le divorce n'est plus interdit que dans deux pays: Malte et les Philippines. Après une longue période d'annulations bidons (même le président a employé cette méthode), le Chili a finalement légalisé le divorce en 2004.

Le taux annuel de divorces le plus élevé au monde (5,3 couples sur 1 000) a été constaté à Aruba, petite île des Caraïbes dépendant des Pays-Bas, qui se vend aux touristes comme une destination de rêve pour un mariage, avec le slogan *Bombini to Aruba!* («Bienvenue à Aruba!»). La deuxième position (4,8 pour 1 000) est occupée par les États-Unis, où le divorce est devenu si courant que certaines firmes proposent des accessoires pour fêter votre divorce (boulet et chaîne en plastique, poupée gonflable en boîte). Selon ces experts, la fête de divorce devrait être un authentique rite de passage: cartes au message ordurier, gâteaux ornés de décorations obscènes, alcool en quantité industrielle, projection en groupe de *La Guerre des Rose* ou du *Club des ex*, karaoké sur *I Will Survive*, inventaire de toutes les horreurs que votre ex vous a fait subir, jeux coquins, jeunes serveurs en tenue sexy, banderoles et ballons arborant les devises «Divorcé et fier de l'être» ou «Enfin libre». Mais il est hors de question de brûler les photos du mariage, d'appeler son ex-femme pour lui adresser un message insultant ou obscène, de faire quoi que ce soit qui pourrait nuire physiquement à son ex-mari (ou à sa voiture), de filmer la soirée ou de se jeter le soir même dans les bras d'un bel inconnu.

Où rencontre-t-on le plus bas taux de divorces? Curieusement, en Colombie, avec 0,2 pour 1 000 (juste devant le Belize, le Liberia et la Géorgie). Le pays est réputé pour le trafic de cocaïne. Serait-ce le secret des couples qui durent?

14

Sangoma et *samsara*
La maladie, la mort, l'au-delà

On ne prévoit jamais de tomber malade à l'étranger et vous vous moquerez peut-être bien de respecter les convenances quand, une fois cloué au fond de votre lit, tout en regardant le soleil éclatant qui brille dehors, vous vous demanderez si la faute en revient au curry de chèvre, à la salade de mangues vertes ou à cette pâte de dattes au goût bizarre. Espérons que votre assurance est à la hauteur, que les numéros de téléphone internationaux sont facilement accessibles dans votre porte-cartes, que votre carte de crédit est valide et qu'il existe un hôpital dans les parages. Sans quoi, vous en découvrirez peut-être plus que vous ne vous y attendiez sur ce pays où vous séjournez.

Mais même si vous ne tombez pas malade vous-même, mieux vaut savoir que, dans de nombreuses cultures, la maladie n'est pas forcément envisagée comme un simple phénomène physique, à traiter avec les médicaments appropriés…

Sangoma

Dans de nombreuses régions rurales d'Afrique, les malades se tournent en premier lieu vers le *sangoma*, le « prêtre-devin », que l'on consulte non seulement pour qu'il propose un remède, mais surtout parce qu'il saura qui a causé la maladie.

Les *sangoma* trouvent la réponse à ces questions en invoquant l'esprit des ancêtres défunts, qu'ils font venir dans leur hutte sacrée en dansant, en chantant, en jouant du tambour et en brûlant une plante appelée *imphepho*. Il leur arrive ensuite d'entrer en transe et de se laisser posséder par un ancêtre, pour que celui-ci puisse parler directement au malade. Parfois, ce sont les patients eux-mêmes qui sont possédés et l'ancêtre s'exprime à travers eux. D'un point de vue pratique, le *sangoma* fournit les *muti*, médicaments d'origine végétale ou animale, pour guérir toutes sortes de maux, des douleurs rénales à l'impuissance. On rencontre les *sangoma* sur les marchés, entourés de leurs *muti* et souvent reconnaissables à leurs colliers de perles rouges, blanches et noires. Ils sont bien plus nombreux que les médecins à l'occidentale, et on estime qu'ils sont consultés par environ 80 % de la population indigène.

Chamans et *santeros*

Les chamans traditionnels conçoivent un lien similaire entre les esprits ancestraux et la mauvaise santé, dans toute l'Asie, des *gher* de Mongolie extérieure jusqu'aux huttes ombragées d'Arunachal Pradesh. Au Cambodge, ces guérisseurs sont appelés *kru khmer*. On rencontre en Amérique latine des croyances semblables quant aux sources de la maladie : de Cuba à Puerto Rico en passant par le Brésil, où l'on se fie au pouvoir des *santeros*, ces prêtres qui soumettent le cas d'une maladie particulière à un *orisha* (sorte de saint spécialisé).

Dans certaines cultures, on estime que les sorciers ont le pouvoir de provoquer la maladie ou la mort. Au Laos, on porte des amulettes pour se protéger contre ces gens qui vous lancent des sorts ou qui vous projettent dans le corps divers objets intrus, pierres ou os d'animal. Ces convictions existent encore parmi les aborigènes d'Australie et dans les jungles de Nouvelle-Guinée, où les individus malfaisants sont appelés *kakua*. Jadis, on les tuait et on les mangeait, car c'est seulement en digérant et en excrétant leurs cervelles qu'on pouvait être sûr de débarrasser le monde de leurs âmes nuisibles.

Répliques

Traditionnellement, les Mexicains attribuent la maladie à un déséquilibre entre les quatre humeurs du corps selon la médecine médiévale : sang, phlegme, bile jaune et bile noire. Chaque humeur est chaude ou froide, humide ou sèche, et la guérison passe par la restauration du bon équilibre. D'autres maladies locales peu courantes comme l'*envidia* (« envie »), le *susto* (« terreur ») ou le *mal puesto* (« malchance ») peuvent nécessiter un traitement à base de plantes par un *curandero* (guérisseur traditionnel) qui utilise les massages, les *limpias* (« purification rituelle ») ou les prières pour résoudre le problème. Un autre moyen de guérir est de placer une petite réplique en métal, un *milagro* (« miracle »), du membre malade près des statues des saints dans les sanctuaires spécialisés ; les *milagros* sont généralement en argent ou en or et leur usage est très répandu dans le monde hispanique et lusophone.

Connaissance de la vie

En Inde, la bonne et la mauvaise santé sont inscrites dans la vision karmique de la vie : si vous êtes malade, il peut y avoir une raison plus profonde. Les soins holistiques prescrits prennent en compte le corps, l'esprit et l'âme, et se fondent sur l'ancien système de médecine ayurvédique (« connaissance de la vie »), qui prévaut encore dans le sous-continent. La plupart des remèdes sont à base de plantes, mais l'*ayurveda* est l'une des rares formes de médecine « traditionnelle » qui comprenne un système élaboré de chirurgie *(salya-chikitsa)*.

Qi

En Chine et à Taïwan, la médecine traditionnelle fait partie du système de santé officiel. Elle repose sur le concept philosophique séculaire selon lequel le corps sain est celui qui connaît l'équilibre, surtout entre les éléments masculin *(yang)* et féminin *(yin)*. Le *qi* (« énergie vitale ») doit aussi s'écouler correctement. Le pouls et l'aspect de la langue sont les principaux outils du diagnostic. Les prescriptions incluent généralement l'acupuncture et le traitement par les plantes, avec certains ingrédients surprenants (os de tigre réduit en poudre, pénis de cerf). On fait bouillir le tout en une soupe noire dont le goût – tous ceux qui en ont fait l'expérience vous le diront – va du parfaitement immonde au suprêmement infect. On attribue à certains aliments des propriétés curatives : la soupe d'aileron de requin, par exemple, est censée protéger du cancer.

Bonne compagnie

Quand la maladie est incurable et provoque la mort, la vitesse à laquelle on inhume le corps varie considérablement d'un pays à l'autre. Dans les contrées chaudes, on se hâte généralement de procéder à l'enterrement. Pour les juifs, les obsèques peuvent se faire le jour même du décès et ne doivent pas avoir lieu plus de deux nuits après. On a recours aux professionnels des pompes funèbres, mais un groupe d'individus appelés *chevra kadisha* («confrérie sacrée») se charge de laver le corps et de le préparer. Il est important de ne jamais laisser la dépouille seule. L'inhumation doit être rapide, car le corps doit rester intact; les juifs orthodoxes pensent que, lors de la venue du Messie, le corps des justes sera ressuscité dans le saint royaume de Dieu qui s'établira sur terre.

On n'est pas obligé de s'habiller en noir pour un enterrement juif. On se rassemble à l'extérieur de la salle de prières du cimetière en attendant que les *chevra kadisha* arrivent avec le corps, puis on entre. On dit les prières, la principale étant le *kaddish* (prière de louanges et de remerciements), généralement dirigé par le fils du défunt. Après un éloge prononcé par le rabbin, on emporte le corps au cimetière. En regagnant la salle, la tradition veut qu'on se lave les mains avant d'autres prières.

Pendant les sept jours qui suivent, une période de deuil intense est observée par la famille. Si vous êtes invité, arrivez à l'heure dite, car il y aura peut-être des prières pour le défunt, après quoi vous pourrez présenter vos condoléances. La tradition veut aussi que l'on apporte à boire ou à manger, pour que la famille du mort n'ait pas à se mettre en cuisine.

Les Zaka

En Israël, en cas d'attentat-suicide, on voit intervenir les Zaka, groupe paramédical de bénévoles spécialisés qui se rend en hâte sur les lieux et utilise des techniques modernes très sophistiquées, dont les tests ADN, pour essayer de reconstituer le corps des victimes afin qu'elles puissent être enterrées dignement et rester aussi intactes que possible en vue de leur résurrection le jour du Jugement dernier. Le corps du terroriste est traité avec un égal respect et reçoit les mêmes soins, car le Jugement est une prérogative divine.

Sans fleurs ni couronnes

Les musulmans enterrent eux aussi les morts le plus tôt possible. Le corps est d'abord lavé par la famille selon le rituel du *wudzu*, avant d'être placé dans une chemise décousue et enveloppé dans deux épaisseurs de drap blanc. Le défunt est ensuite porté jusqu'à l'endroit où sont dites les prières funéraires : dans la rue, dans une cour, plutôt que dans une mosquée. L'imam se place face au corps (et face à La Mecque), les fidèles alignés derrière lui. On emporte alors la dépouille au cimetière.

Les musulmans sont généralement inhumés là où ils sont morts, même si c'est loin de chez eux. Le corps est déposé dans la tombe, sans cercueil si les autorités le permettent, face à La Mecque. La famille et les amis ne commandent pas de pierre tombale, et il n'est pas conseillé de laisser des fleurs sur la tombe. La crémation est interdite, tout comme une affliction excessive. La famille observe un deuil de trois jours, mais la veuve pleure son mari décédé pendant quatre mois et dix jours, période appelée *iddah*. Pendant ce temps, elle ne doit porter ni bijoux ni habits raffinés, elle ne doit ni déménager ni négocier son remariage.

La mort à l'envers

Les rituels qui suivent la mort d'un Japonais permettent de comprendre pourquoi certains gestes sont absolument tabous durant la vie. Tout ce qui concerne la mort est fait *sakasa goto*, à l'envers. Quand le corps a été lavé (par la famille), une fois ses orifices bouchés avec du coton, on le revêt d'un *yukatabira* (kimono blanc), le côté droit rabattu sur le côté gauche, à l'inverse de ce que font les vivants. On le chausse de sandales de paille, cadeau prohibé dans la vie. Le corps est alors placé dans une pièce spéciale, les paumes sur la poitrine, comme en prière, la tête dirigée vers le nord ou *kita-makura*, autre position interdite dans le monde des vivants.

On fait brûler à son chevet un unique bâton d'encens ; un chandelier et des fleurs sont disposés tout près (souvent ces chrysanthèmes qu'on n'offre jamais aux vivants). Un bol que le mort utilisait est alors rempli de riz et l'on y plante les baguettes verticalement, autre geste tabou pour les vivants.

Après la veillée et l'enterrement, qui a lieu durant les deux jours suivant le trépas, la crémation se déroule en présence de la famille ; deux de ses membres rassemblent les cendres dans une urne avec les baguettes, en commençant par les os des pieds et en terminant par ceux de la tête ; ils se les passent d'une manière qui est d'habitude interdite quand il s'agit de nourriture. Les participants donnent des cadeaux appelés *koden*, généralement de l'argent dans une enveloppe spéciale. La somme reflète votre relation avec le défunt. Un étranger n'est pas censé apporter de *koden*.

Que d'émotions !

Comme beaucoup de peuples africains, les Waramunguns, des aborigènes du nord-est de l'Australie, estiment qu'il est bon d'exprimer son chagrin. Lors des enterrements, ils hurlent, s'entaillent la hanche jusqu'au muscle et s'ensanglantent la tête avec leurs couteaux. En Inde et ailleurs, les sikhs sont hostiles à ce genre d'effusions lors de la cérémonie funéraire ou *Antam Sanskar*. La mort n'est, après tout, que la progression de l'âme durant ce voyage qui la ramène à Dieu, son point de départ, après un détour par l'univers créé. Les sikhs procèdent d'ordinaire à la crémation de leurs êtres chers et n'érigent pas de monuments.

Horaire des visites

Le respect des Chinois pour leurs aînés concerne aussi les morts. Lors de la fête Qing Ming, le troisième jour du troisième mois du printemps, les familles rendent visite à la tombe de leurs ancêtres, pour la nettoyer et leur offrir de la viande cuisinée, du poisson, des fruits et du vin. Ils consomment ensuite ces offrandes lors d'un pique-nique, assis près des tombes.

Les pierres

Quand vous vous rendez dans un cimetière juif, n'apportez pas de fleurs, mais des cailloux. Chaque année après la mort, la famille du défunt allume une bougie de *yahrzeit* et dit un *kaddish* d'anniversaire, qu'on répète également pour le Yom Kippour.

Se retourner dans sa tombe

À Madagascar, la religion locale pousse un peu plus loin encore le culte des ancêtres. Les Merinas et les Betsileos ont une pratique appelée famadihana *(«retourner les morts»), qui consiste à retirer de la tombe familiale les vestiges des défunts pour les envelopper dans de nouveaux linceuls de soie afin qu'ils puissent «participer» aux cérémonies festives données en leur honneur: chants, danses et défilé des cadavres. Après quoi, on les restitue à leur tombe.*

Épouses ressuscitées

Les chrétiens dévots pensent que l'âme des trépassés est promise à la vie éternelle: les justes rejoignent Dieu au paradis, tandis que les pécheurs sont envoyés en enfer.

Certains croient que cela se produit aussitôt après la mort, par un «jugement particulier» du Tout-Puissant; d'autres estiment que les âmes mortes dorment jusqu'au jour du Jugement, où le sort de tous sera décidé.

L'au-delà est également central pour l'islam. La vie sur terre fait partie du grand voyage, c'est aussi une épreuve : lors du Dernier Jour, toutes les âmes seront amenées devant Allah pour être jugées. Ceux qui ont mené une bonne vie seront admis au paradis, décrit comme un jardin, où ils siégeront sur des «trônes de bonheur incrustés d'or, se faisant face dans leur amour». De jeunes immortels leur apporteront des gobelets, ils boiront l'eau de «sources intactes» et mangeront «la chair de toutes les volailles qu'ils peuvent désirer». Jouiront-ils également de la compagnie des *houri*, les soixante-douze vierges chères aux médias occidentaux? Ce n'est pas certain. Dans une traduction du Coran qui fait autorité, les compagnes des justes sont leurs épouses, «ressuscitées comme des vierges pleines d'amour» (certains commentateurs contestent cette interprétation et estiment que le mot *hur* doit être pris dans son acception syriaque et non arabe, signifiant donc «raisin blanc» et non «vierge»).

Le paradis sur terre

Bien que le judaïsme mette davantage l'accent sur la vie terrestre que le christianisme ou l'islam, les juifs croient aussi que l'âme immortelle survit au corps et se rend en *Olam Haba* (le monde à venir). Sur terre, les juifs dévots attendent l'arrivée du Messie. Lorsqu'il viendra, ils regagneront Israël, qui vivra libre parmi les nations de la terre. Dieu renversera les oppresseurs de la Terre sainte, le Temple de Jérusalem sera reconstruit, la guerre et la famine disparaîtront, et le monde connaîtra une période de paix et de prospérité, culminant avec la résurrection corporelle des morts en un royaume du ciel sur terre.

Le retour

Les hindous croient en un seul dieu, Brahma le Suprême, mais ils n'espèrent aucun paradis extraterrestre. Ils croient en la réincarnation *(samsara)*, qui permet aux âmes individuelles de revenir sur terre dans de nouveaux corps, humains ou animaux, dont le grade au sein de la hiérarchie correspond aux actions accomplies de leur vivant. Autrement dit, la vie sur terre n'est que l'au-delà d'une vie antérieure : ceux qui appartiennent aux castes inférieures le doivent à leurs mauvaises actions dans une autre vie. Après avoir connu de nombreuses vies, l'âme est parfois déçue par le bonheur limité qu'offrent les plaisirs terrestres et elle part à la recherche de la paix spirituelle ou *ananda*. Elle cesse alors de se réincarner et atteint le *moksha*, le salut, qui est le but ultime de toute âme.

Le détachement

Les bouddhistes recherchent aussi le bonheur dans une vie future plutôt que dans un lieu futur. En l'absence d'un Créateur tout-puissant, ils pensent que le but de la vie sur terre est d'atteindre la compassion envers tous les êtres vivants, sans discrimination, et d'œuvrer pour leur bien, leur bonheur et leur paix. Le but de l'individu est d'accepter les quatre nobles vérités : la vie est faite de souffrances ; la souffrance vient de l'attachement aux choses de ce monde ; il est possible de mettre fin à la souffrance en évitant l'attachement ; il faut pour cela suivre le chemin octuple de la vision correcte, de la décision correcte, de la parole correcte, du comportement correct, de la vie correcte, de l'effort correct, de la présence d'esprit correcte et de la méditation correcte. Une fois tout cela en place, un jour, après plusieurs réincarnations, l'âme atteindra peut-être la Lumière.

Terre pure

Au Japon, la religion indigène shinto reposait traditionnellement sur le culte de la nature et des âmes des ancêtres décédés. Les *kami* (« esprits locaux ») étaient les gardiens des éléments naturels inspirant la crainte et le respect : les montagnes, les rivières, les chutes d'eau, les arbres, les rochers, etc. Outre l'obéissance à l'empereur, le shintoïsme a un contenu doctrinaire limité, il n'impose guère de restrictions ou de tabous, préférant se concentrer sur la distinction entre pur et impur. Il ne s'agit pas d'un couple antithétique (comme le bien et le mal, le vrai et le faux) car l'impur peut devenir pur.

Après l'arrivée au Japon du bouddhisme mahayana en 538, l'ancienne religion a pu se combiner avec la nouvelle. Pour les bouddhistes mahayanas, le monde où vivent les humains est l'un des six états de l'être (le deuxième en partant du haut de la hiérarchie). Dans votre prochaine vie, vous pouvez revenir sous la forme d'un esprit affamé, habitant du *gaki* (le deuxième royaume en partant du bas), d'un animal (troisième royaume), d'un humain ou d'un dieu (degré suprême). Le jugement prend quarante-neuf jours. À la fin de cette période, quand est célébré le *Shijuku Nichi Hoyu* en votre mémoire, votre sort est tranché. Si vous baissez d'un cran ou deux pour devenir un singe, par exemple, il est plus important que jamais d'accomplir de bonnes actions.

15

Adieu, la viande
Jours de fête

Quelles que soient nos convictions, la foi d'un pays se manifeste avec le plus de force dans les fêtes, avec leur mélange souvent étrange de religion, de tradition et de superstition.
Découvrir une société sous son aspect festif est aussi un excellent moyen de mieux la comprendre. Quand vous aurez vu une bande d'adolescents parcourir les ruelles de Jérusalem déguisés pour Pourim, ou de jeunes Thaïlandais se faire arroser avec des seaux en plastique bleu lors de la fête de Songkran, vous commencerez à sentir que vous êtes plus qu'un touriste…

Jour de l'An, Saint-Basile : 1er janvier

L'idée de chance et de prospérité sous-tend les différentes fêtes et cérémonies liées au Nouvel An. Les Italiens offrent des oranges à leurs amis, parents et voisins. Au Brésil, si vous mangez des lentilles le 1er janvier, vous gagnerez beaucoup d'argent le reste de l'année. En Suisse, les hommes se déguisent en esprits des forêts ou *Klausen*, avec des feuilles et des baies, et s'en vont yodler dans les villages. Pour les petits Grecs, la Saint-Basile compte plus que Noël. Ils laissent leurs chaussures devant la cheminée dans l'espoir d'obtenir les cadeaux que les enfants des autres pays ont reçus une semaine auparavant.

Pour les Japonais, le Nouvel An *(Shogatsu)* est le principal événement de l'année et beaucoup de gens rentrent dans leur ville natale pour passer quelques jours en famille. On reçoit traditionnellement des *nengajo* («cartes de Nouvel An») envoyés non seulement par ses amis et parents, mais aussi par son employeur, ses associés, son restaurant favori, etc., car les *nengajo* sont considérés comme essentiels pour créer et entretenir des relations. Dans les communautés rurales, les gens prient devant des sacs de riz pour que la récolte soit bonne, ou devant des poissons et des filets découpés dans du papier pour que la pêche soit satisfaisante.

En tant que visiteur étranger, vous pouvez y aller de votre *nengajo*, mais évitez le *mochi*, ce gâteau traditionnel à base de riz gluant, qui pourrait vous rester collé au fond de la gorge et vous étouffer. Ce n'est pas une plaisanterie: plusieurs personnes meurent chaque année au Japon asphyxiées par le *mochi*.

Akemashite omedto gozaimasu!: «Félicitations, le Nouvel An est arrivé!»

Nuit des Rois, Épiphanie : 6 janvier

L'une des trois grandes fêtes chrétiennes, avec Noël et Pâques, l'Épiphanie commémore la première manifestation de Jésus aux Gentils et marquait traditionnellement le début de la période du carnaval, avant le carême. Le soir précédent est la nuit des Rois, occasion des toutes dernières fêtes liées à Noël, après quoi il faut retirer les décorations. En Amérique latine, le 6 janvier est le *diá de los Reyes*, plus important que Noël même pour les enfants, car c'est le jour où l'on échange les cadeaux. Le lendemain, c'est la fête de la Nativité, célébrée à la place de Noël par l'Église chrétienne orthodoxe.

Mardi gras, Pancake Day, carnaval : *5 février**

La Chandeleur (quarantième jour après Noël) et Mardi gras, veille du mercredi des Cendres, ont leur équivalent britannique, le Pancake Day («jour des crêpes»). Il était d'usage d'utiliser la graisse traditionnellement interdite pendant le Carême. Dans certaines zones rurales, on organise encore des *pancake races*, des courses aux crêpes. Le Mardi gras français est célébré dans plusieurs villes américaines, dont La Nouvelle-Orléans. Dans le reste du monde, c'est la fin de la période du carnaval (*Carne vale* signifie en latin «Au revoir, la viande»), fêté avec faste à Rio de Janeiro.

Le lendemain, mercredi des Cendres, est un jour de pénitence publique dans les pays catholiques. On brûle alors les branches bénies l'année précédente lors du dimanche des Rameaux. Le prêtre recueille les cendres et s'en sert pour tracer avec le pouce une croix au front des fidèles.

Têt Nguyên-Dan : *7 février*

Le Têt est la fête la plus populaire au Viêtnam, où on la célèbre depuis au moins 500 av. J.-C. Elle marque le début de l'année lunaire et l'arrivée du printemps. Le but

---

* Les dates de fêtes en italique varient d'année en année. Celles indiquées dans ce chapitre sont valables pour 2008 *(NdT)*.

du Têt est de bien commencer l'année. La veille de cette fête qui dure trois jours, on nettoie les maisons et les tombes ancestrales, on prépare un repas cérémoniel. On dépose sur l'autel domestique un plat de riz et de viande disposé dans des feuilles de bananier *(banh chung)* pour que les ancêtres défunts puissent participer eux aussi à la fête. Deux bougies rouges sont allumées sur l'autel, une pour le soleil et l'autre pour la lune, tandis que l'encens représente les étoiles.

Le Têt est le moment de payer ses dettes, de résoudre les conflits et d'aller de l'avant, de manière générale. On revêt de nouveaux habits. On allume des pétards, on organise des courses, des concours. C'est aussi l'occasion de la traditionnelle danse du dragon. Beaucoup de Viêtnamiens pensent que se laver les cheveux ou prendre une douche pendant le Têt éloigne la chance pendant l'année qui suit. Les parents ne doivent pas non plus gronder leurs enfants, les enfants ne doivent pas crier. Les plus âgés donnent aux jeunes non mariés de l'argent dans des enveloppes rouges.

Chuc mung nam moi!: «Meilleurs vœux à vous pour le Nouvel An!»

Nouvel An chinois, fête du Printemps: *7 février*

Connues en Occident sous le nom de «Nouvel An chinois», ces deux semaines sont appelées en Chine «fête du Printemps». Elles commencent avec la deuxième nouvelle lune qui suit le solstice d'hiver et se terminent le quinzième jour avec la pleine lune.

Chaque journée a sa signification traditionnelle spécifique. Le premier jour, il ne faut pas manger de viande afin de s'assurer une longue vie. Le deuxième, les filles mariées rendent visite à leurs parents et les autres se montrent bons avec les chiens (c'est en théorie l'anniversaire de tous les chiens). Le cinquième jour *(Po Wu)*, il faut rester chez soi pour accueillir le dieu de la richesse. Le septième jour est le *Renri* («anniversaire de tout le monde»), car les Chinois ne célèbrent pas les anniversaires individuels. Le treizième est jour de purification, où l'on ne mange que de la bouillie de riz et du *cai xin* («légumes verts»). Le quatorzième jour, on prépare la fête des Lanternes, qui a lieu le quinzième soir. Sur le coup de minuit, chaque porte de la maison doit être laissée ouverte pour que l'année écoulée s'en aille. Les plus âgés et les couples mariés offrent aux jeunes célibataires des enveloppes rouges *(hong bao)* contenant de l'argent; la somme doit être un nombre pair, les nombres impairs étant destinés aux enterrements. Si vous avez envie d'y participer, 8 dollars portent chance.

Gong xi fa cai!: «Félicitations. Puisse votre richesse augmenter!»

Saint-Valentin: 14 février

Ce n'est pas une fête nationale, mais elle est célébrée dans le monde entier. Fête de la fertilité remontant à l'Antiquité romaine, elle fut transformée à la fin du Ve siècle en fête chrétienne honorant saint Valentin (bien qu'il existe au moins trois saints différents portant ce nom). C'est seulement par la suite qu'elle fut associée aux amoureux. Elle est aujourd'hui entièrement laïque: les amoureux envoient des cartes à l'objet secret de leur flamme, les hommes qui ont déjà trouvé l'âme sœur manifestent la force de leurs sentiments en offrant des roses rouges ou en invitant leur partenaire à un dîner aux chandelles. Même au Japon on respecte cette tradition, mais ce sont les femmes qui offrent des chocolats en forme de cœur, non seulement à leur fiancé ou mari, mais à tous les autres hommes de leur vie, même leur patron. On les appelle *giri-choko* («chocolats du devoir»), à ne pas confondre avec les *honmei-choko* («chocolats des vrais sentiments») offerts aux amoureux. Curieusement, on offre souvent des *giri-choko* aux maris.

Ai shiteru : «Je vous aime.»

Saint-Patrick : 17 mars

La grande fête nationale irlandaise honore le saint patron du pays et sert de prétexte à de grandes dégustations de Guinness dans les pubs irlandais du monde entier. En Amérique, on boit de la «bière verte», de la couleur nationale irlandaise, et c'est à New York que se déroule le grand défilé de la Saint-Patrick, auquel assistent en grande tenue des Américains d'origine irlandaise qui n'ont parfois jamais mis le pied sur le sol verdoyant de l'île d'Émeraude.

Sláinte (duine a ol) ! : «À la santé de tout le monde!»

Pourim (fête des Sorts) : *21 mars*

Ce jour de fête célèbre la délivrance des Hébreux au Ve siècle av. J.-C., alors que le Premier ministre perse

Haman s'apprêtait à les massacrer. Selon le livre d'Esther, la belle reine juive intercéda auprès de son mari le roi Assuérus (Xerxès Ier) pour qu'il épargne la vie de son cousin Mardochée et de tous les autres juifs de la ville de Suse. Haman fut ensuite pendu au gibet qu'il avait fait dresser pour Mardochée. Cette fête est marquée par des lectures du livre d'Esther (le *Megillah*), un échange de cadeaux, des déguisements et des dons aux pauvres. Le jour de Pourim, on dit qu'un juif doit se saouler au point de ne plus pouvoir distinguer les noms de Haman et Mardochée.

Chag Pourim sameach!: « Joyeux Pourim ! »

Norouz : 21 mars

Le Nouvel An iranien coïncide avec l'équinoxe de printemps et dure treize jours. Pour Norouz (« Nouvel an, nouvelle vie »), on allume des feux et les plus excités sautent par-dessus. Dans les salles destinées aux invités, on dépose devant des miroirs des plats contenant du yaourt, de l'ail, des œufs et du blé ; il faut mettre sur la table des *haft sin* (sept *s*), sept éléments traditionnels dont le nom commence par un *s*: *samanou* (gâteau de blé sucré), *sumac* (baies écrasées séchées), *serkeh* (vinaigre), *sib* (pomme), *sir* (ail), *sonbol* (jacinthe) et *sendjed* (olives de Bohême). En outre, la table de Norouz doit aussi offrir un bocal de poissons rouges, un Coran, des grenades, des portraits de parents, des œufs durs peints de couleurs vives et quatre-vingt-quatorze pièces dans une assiette, que les invités emporteront comme porte-bonheur.

Eide shoma mubarak!: « Joyeuse fête ! »

Pâques (chrétiennes) : *21-23 mars*

Lors du Vendredi saint, quand commence cette série de jours festifs, on mange traditionnellement des petits pains en forme de croix, tandis que les églises commémorent la crucifixion par de longs offices. Deux jours après, le dimanche de Pâques célèbre la Résurrection par des chants joyeux et on offre des œufs en chocolat. En Pologne, où Pâques dure une semaine, les œufs sont ornés de motifs décoratifs et placés au centre de la table de fête, avec un petit agneau en sucre qui tient une croix et parfois une tête de porc rôtie. On découpe les œufs en tranches et on les échange en même temps que des vœux de chance et de prospérité pour l'année à venir. Le lundi, la période se conclut avec Smigus Dyngus, charmante coutume qui veut que les hommes réveillent les jeunes filles du quartier en les éclaboussant d'eau.

Wesotego Alleluja!: « Alléluia pour Pâques ! »

Magha Puja : *26 mars*

Fête publique en Thaïlande, le Magha Puja commémore le jour où le seigneur Bouddha ordonna mille deux cent cinquante *arahantas* (« moines ») et prononça le sermon *Ovadha Patimokha*, qui énonçait les principaux préceptes de son enseignement. Des cérémonies pittoresques se déroulent dans tout le pays et le roi très respecté se rend dans le temple du Bouddha d'émeraude. Au petit matin, on prépare de la nourriture qui sera offerte aux moines ; on porte ensuite de l'encens et des fleurs jusqu'aux temples ; des processions aux flambeaux ont lieu le soir.

Vaisakhi : 14 avril

Le Nouvel An sikh se fonde sur une fête des moissons établie de longue date au Pendjab. On célèbre aussi le 14 avril 1699, où le dixième gourou, Gobind Singh, choisit de transformer les sikhs en une famille de saints guerriers, les *Khalsa Panth*, les Purs. Cette fête est marquée par les processions du *nagar kirtan* («chant en ville»), pendant lesquelles on interprète les *shabad* («hymnes divins») tirés du *Gourou Grath Sahib*, le livre saint des sikhs.

Songkran, Chaul Chnam Thmey, Pi Mai : *15-17 avril*

C'est la fête du Nouvel An en Asie du Sud-Est. On asperge d'eau les statues bouddhistes, les moines et d'autres, en guise de bénédiction et pour s'amuser. Comme pour le Nouvel An chinois qui la précède, on décore les maisons (et les autels domestiques) de fleurs, de ballons et de fanions. Les enfants donnent de l'argent ou des cadeaux à leurs parents. Les communautés locales nourrissent les moines, puis festoient en privé.

Sur sdey chnam thmey! (cambodgien) : «Bienvenue au Nouvel An!»

Sawadee pi mai! (thaïlandais) : «Bonne année!»

Bun pi mai! (laotien) : «Bonne année!»

Pâque juive (Pessah) : *20-27 avril*

La fête de la Pâque commémore la fuite des Hébreux hors d'Égypte. Durant ce périple, ils mangèrent du pain sans levain et, depuis, les juifs interdisent l'usage du levain chez eux pendant la Pâque. On balaie les maisons pour en chasser toutes les miettes et le pain ordinaire est remplacé par le *matzoh* croustillant. C'est l'heure des nouveaux départs, où l'on procède traditionnellement au grand nettoyage de printemps, de la cave au grenier. En Israël, les écoles sont fermées toute la semaine et les entreprises ferment à la mi-journée.

Semaine d'or : 29 avril-5 mai

Cette série de fêtes nationales japonaises commence par le Showa, anniversaire de l'ancien empereur (Hirohito). Vient ensuite le jour de la Constitution (3 mai), où l'on commémore la nouvelle Constitution d'après-guerre. Le 4 mai est le jour de Verdure, le 5 mai est le jour des Enfants, où l'on accroche devant les maisons des carpes en tissu *(koinobori)* sur des piquets ; à l'intérieur, on offre aux poupées guerrières *(gogatsu ningyo)* en casque et en armure des gâteaux de riz enveloppés dans des feuilles de chêne *(kashiwamochi)* et des gâteaux de riz bouilli *(chimaki)*. Les visiteurs doivent s'assurer de réserver longtemps à l'avance, car c'est la période où beaucoup de Japonais prennent leurs vacances. Avec quatre fêtes en une semaine, ce n'est évidemment pas le bon moment pour un voyage d'affaires.

Vesak : *19 mai*

Dans tout l'Extrême-Orient, on célèbre l'anniversaire de Bouddha lors de la première pleine lune de mai (ou de juin, les années bissextiles). Cette fête est aussi appelée Visakah, Waisak, Bouddha Purnima, Phat Dan, Saga Dawa, Vixakha Bouxa et Ka-sone. Ce jour-là, les bouddhistes commémorent la naissance, l'illumination et la mort de Gautama Bouddha. Ils méditent, réaffirment leur foi et « irradient l'amour bienveillant ». Au Sri Lanka, toutes les épiceries et abattoirs ferment pendant deux jours. Ailleurs, on apporte dans les sanctuaires des fleurs, des bougies, des bâtonnets d'encens et de la nourriture végétarienne. C'est le bon moment pour vous rendre au temple le plus proche avec quelques pièces en poche et profiter des bonnes vibrations.

Bon, Obon : *13 juillet*

Ce jour-là, les bouddhistes visitent les tombes familiales pour rendre hommage aux esprits de leurs ancêtres, surtout ceux qui sont morts l'année précédente. On brûle de l'encens, qui symbolise la disparition des illusions que chacun se fait. On envoie des lanternes flottantes sur les rivières ou sur la mer, comme pour guider les âmes durant leur retour vers le monde des esprits. Au Japon, d'autres lanternes éclairent les femmes qui dansent en public, pieds nus dans leurs *geta* (sandales de bois), vêtues de *yukata* (costume bleu et blanc), au rythme des *taiko* (tambours). Les Japonais s'offrent alors des cadeaux appelés *ochugen*. Traditionnellement ils étaient réservés aux parents, aux professeurs, aux employeurs, aux supérieurs en tout genre, mais de nos jours la gamme des destinataires s'est élargie. En tant qu'étranger, il est courtois et respectueux d'apporter des *ochugen* à vos hôtes.

Ramadan : *2 septembre*

Le Ramadan commémore la première révélation du Coran et marque le début du mois de jeûne que les musulmans doivent respecter pendant la journée. Ils doivent non seulement s'abstenir de manger et de boire (même de l'eau), mais aussi de fumer et d'avoir des rapports sexuels. Ils doivent éviter les mauvaises pensées et les mauvaises actions, dont certaines peuvent annuler le jeûne (mentir, tuer, se parjurer ou lancer un regard passionné, par exemple).

Si vous êtes dans un pays musulman à cette période, rappelez-vous qu'il est impoli de manger, de boire ou de fumer devant quelqu'un qui jeûne ; si vous êtes obligé d'aller au restaurant dans la journée, choisissez un hôtel international. Vous pourrez toujours vous goinfrer lors du repas qui suit l'*iftar* : au crépuscule, on rompt le jeûne en buvant de l'eau ou du lait et en mangeant une datte.

Roch Hachana : *1er octobre*

Le Nouvel An juif ouvre les dix jours de pénitence, pendant lesquels chacun examine sa relation avec Dieu (et Dieu décide qui vivra et qui mourra durant l'année à venir). Dans les synagogues, on souffle dans une corne de bélier appelée *chofar*, après trois groupes de prières. La corne fait référence au sacrifice d'Abraham, lorsque celui-ci faillit tuer son fils Isaac (dans la tradition musulmane, le sacrifice concerne son frère Ismaël). La veille de Roch Hachana, on trempe dans le miel des pommes et du pain *challah*, pour symboliser la douceur espérée de l'année qui commence.

Chana Tova!: «Bonne année!»

Aïd el-Fitr: *2 octobre*

Quand apparaît la nouvelle lune, le neuvième mois de Ramadan est fini, c'est l'heure de l'Aïd el-Fitr («petit Aïd»), l'une des deux grandes fêtes de l'islam, aussi importante pour les musulmans que Noël pour les chrétiens, avec le même désir de se rassembler en famille pour festoyer. On met ses plus beaux habits, on offre aux enfants des cadeaux et de l'argent. C'est également le moment où l'on verse une contribution obligatoire, appelée *zakatul*: une quantité de nourriture ou d'argent censée fournir un repas à un nécessiteux. Des prières spéciales sont alors prononcées. Ce jour-là, comme pour le grand Aïd, il est courtois de féliciter les musulmans que vous connaissez bien et de leur envoyer une carte de vœux.

Aïd moubarak!: «Joyeux Aïd!»

Yom Kippour (Grand Pardon): *9 octobre*

La plus sainte des fêtes juives marque la fin des dix jours de pénitence qui ont commencé avec Roch Hachana. Le Lévitique parle d'un «*chabbat* de repos», c'est un jour de jeûne total, du coucher du soleil au coucher suivant. En Israël, personne ne conduit, la télévision et la radio interrompent leur diffusion. Selon la tradition, les hommes revêtent le *kittel*, la robe blanche dans laquelle ils seront un jour enterrés.

Gmar Hatima Tova!: « Puisse le livre de la Vie n'avoir que du bien à rapporter sur vous ! »

Diwali (Divali, Dewali, Deepavali) : *28 octobre*

Le Diwali est la fête de cinq jours qui marque le Nouvel An hindou, également appelé fête des Lumières, aussi important dans cette religion que l'Aïd ou Noël dans d'autres cultures. On nettoie les maisons, on ouvre grand les fenêtres, on allume des bougies et des lampes, on décore le seuil de poudre colorée pour accueillir Lakshmi, déesse de la richesse. On règle les vieux comptes et on inaugure de nouveaux livres. On échange des cartes de Diwali et la famille se réunit pour un festin végétarien. Diwali compte particulièrement pour les sikhs car ce jour célèbre aussi la libération de prison du sixième gourou, Hargobind Singh, en 1619.

Sal moubarak! (gujarati) : « Bonne année ! »

Halloween (All Hallows' Eve, « veille de tous les saints ») : 31 octobre

Veille de la Toussaint chrétienne, Halloween est traditionnellement associé aux feux de joie, aux déguisements et aux histoires de fantômes. En Irlande, Halloween est la grande nuit des feux d'artifice. La ville de Derry est le cadre d'une fête particulièrement spectaculaire, où tous les travestissements sont permis, terroriste armé ou pape. Attention : n'abusez pas du *colcannon*, ce plat à base de chou, de pommes de terre et de lait, où l'on cache une bague, une pièce, un dé à coudre et un bouton. Celui qui trouve la bague est censé se marier dans l'année, la pièce symbolise la fortune à venir, le bouton le célibat pour un homme et le dé à coudre le célibat pour une femme.

Día de los Muertos : 2 novembre

Au Mexique, le jour des Morts est la plus grande fête du pays, et beaucoup croient que leurs ancêtres en profitent pour revenir sur terre. Les jours qui précèdent, les familles nettoient et réparent les tombes, les ornent de *coronas*, des couronnes de fleurs véritables ou artificielles (en plastique ou souvent en papier). On place des photos des morts sur les autels domestiques spécialement construits *(ofrendas)*, ainsi que des fleurs et des bols de céramique noire contenant à manger et à boire : *pan de muerto* («pain des morts») en forme de cadavre ou décoré d'ossements, aliments préférés des défunts. On offre aussi des *calaveras de azúcar*, des crânes en sucre, généralement emballés dans du papier de soie de couleur vive.

Thanksgiving : *27 novembre*

Cette grande fête laïque, célébrée dans l'ensemble des États-Unis et par les Américains exilés, est marquée par la consommation de dinde, de citrouille et de tartes aux noix de pécan. Elle a toujours lieu le quatrième jeudi de novembre.

Aïd el-Kebir (fête du Sacrifice) : *9 décembre*

Principale fête du calendrier musulman, l'Aïd el-Kebir conclut le *hadj*, le pèlerinage à La Mecque. Elle dure trois jours et rappelle qu'Ibrahim (Abraham) accepta d'obéir à Allah en lui sacrifiant son fils. Selon le Coran, Ibrahim s'apprêtait à placer son fils sur l'autel lorsqu'une voix venue du ciel l'arrêta et lui conseilla de sacrifier plutôt un bélier. Les musulmans pensent que le fils en question n'était pas Isaac, comme il est dit dans le Talmud et l'Ancien Testament, mais Ismaël, considéré comme l'ancêtre des Arabes. L'Aïd est un jour d'action de grâces et surtout un jour de pardon, où l'on tente de résoudre les vieux conflits personnels et de trouver les compromis nécessaires.

Aïd moubarak!: « Joyeux Aïd! »

Hanouka (fête des Lumières) : *22-30 décembre*

Cette fête remonte à 164 av. J.-C., quand le prêtre Judas Macchabée consacra le nouveau Temple de Jérusalem, reconstruit après sa profanation trois ans auparavant par Antiochus Épiphane (un autel païen y avait été dressé pour offrir des sacrifices à Jupiter olympien). Selon le Talmud, lorsque Judas Macchabée fit retirer toutes les idoles syriennes, la quantité d'huile non profanée qu'on retrouva dans le Temple ne suffisait que pour un seul jour. Fait incroyable, l'huile dura huit jours, miracle que l'on commémore en allumant les bougies d'Hanouka, placées sur la *menora*, le candélabre à neuf branches. Pendant Hanouka, on échange des cadeaux et les enfants jouent avec la *dreidl*, la toupie à quatre côtés.

Noël (fête de la Nativité) : 25 décembre

La fête de l'année chrétienne la plus largement célébrée coïncide avec l'anniversaire de Jésus. Les coutumes vont du pudding britannique au sapin décoré (tradition allemande remontant au XVIIe siècle), en passant par l'accrochage du gui, rituel druidique marquant le solstice d'hiver (dans la tradition païenne, on brûle le gui de l'année précédente et on le remplace par un bouquet frais, qui symbolise la paix et la fortune espérées l'année à venir).

La formule « Joyeux Noël ! » peut être remplacée par « Bonnes vacances ! » pour ne pas froisser les personnes d'autres religions.

Veille du Nouvel An : 31 décembre

La plupart des cultures fêtent la fin d'une année et le début de la suivante. C'est le moment d'oublier les déceptions et les échecs de l'année écoulée, en se préparant à mieux pour la prochaine. Dans certaines régions de l'Irlande rurale, on cloue un pain ou un gâteau aux portes et aux fenêtres fermées pour éloigner le malheur de la maison et laisser entrer le bonheur. Au Danemark, on frappe aux portes pour y faire entrer de force la chance.

La nourriture se met à porter bonheur. En Espagne, à chacun des douze coups de minuit, on se met un grain de raisin dans la bouche ; les douze grains symbolisent la chance pour chaque mois de la nouvelle année. Les Italiens mangent des *chiacchiere*, des beignets enrobés de miel, pour être sûrs que les mois à venir seront doux.

Le premier à franchir le seuil après minuit est censé porter bonheur. Beaucoup de cultures accueillent les inconnus, mais en Écosse, où la tradition du « premier entré » est très respectée, on ne laisse pas entrer les médecins, les prêtres et les fossoyeurs, pas plus que ceux dont les sourcils se rejoignent au-dessus du nez. Dans le sud profond des États-Unis, on rencontre la même coutume, mais la chance peut aussi venir sous la forme d'une femme séduisante, d'un enfant né le 1er janvier, d'une jeune mariée ou d'une jeune maman. Si vous en connaissez dans l'assistance, poussez-les en avant.

Feliz año nuevo ! (espagnol), *Prosit Neujahr !* (allemand), *S novim godom !* (russe), *Happy New Year !* (anglais) : « Bonne année ! »

16

Tuer les *saudades*
Quand le séjour s'avère trop long

Il finit par arriver un moment où votre séjour à l'étranger dépasse la simple visite. Même si vous n'êtes pas tombé amoureux, même si vous ne vous êtes pas marié, même si vous n'êtes pas mort, vous n'êtes plus dépaysé. Vous n'êtes plus surpris d'entendre les gens dire *G'day!* ou *Konichiwa*, de les voir cracher dans les trains ou avaler leur soupe bruyamment. Elle a disparu, cette impression de nouveauté qui vous ravissait au début, tout en confirmant qu'au fond ces gens étaient des *humains* comme vous. Vous commencez à vous sentir frustré, déprimé ou pire : qu'est-ce que c'est que ces hurluberlus avec leurs costumes grotesques, leur bouffe dégueulasse ? Ils ne sont pas fichus de dire non quand ils ont envie de vous envoyer balader. C'est ce que l'anthropologue finnois Kalervo Oberg appelait « choc culturel » et qu'on nomme aussi parfois « choc des cultures »…

Et alors…

Quand le dépaysement s'atténue et que vous abordez la deuxième étape, où vous devenez irritable et hostile, rappelez-vous qu'il existe plusieurs façons de bien faire les choses, pas seulement celle en vigueur dans votre cher pays natal. Arrêtez de ronchonner : ne soyez pas obsédé par ce qui vous manque, concentrez-vous plutôt sur tout ce que vous avez gagné. Le fromage au petit déjeuner n'est pas forcément une mauvaise chose. La confiture d'abricot peut très bien se substituer à la marmelade d'orange. Le thé à la menthe remplace avantageusement la bière tiède.

Peu à peu, vous en arriverez à la troisième étape : l'ajustement à votre nouvel environnement. Vous remarquerez des détails qui expliquent ce qui vous intriguait jusque-là. En Russie, par exemple, où la langue n'a pas d'articles définis, vous trouviez les gens un peu abrupts, mais vous comprenez maintenant qu'ils ont d'autres moyens d'exprimer la politesse. Finalement, vous en viendrez à ce que les interculturalistes professionnels définissent comme la quatrième étape d'un séjour à l'étranger : l'adaptation et le biculturalisme, quand on devient capable d'évoluer aussi bien dans une culture que dans l'autre. Vous vous attacherez peu à peu à ces façons de dire et de faire les choses que vous regretterez fort lorsque vous partirez, si vous repartez un jour...

Gezelligheid

Le terme néerlandais *gezellig* signifie « douillet », « convivial », mais *gezelligheid* dépasse de loin ce sens et évoque non seulement le plaisir ressenti en compagnie des autres, mais encore le sentiment profond de vivre harmonieusement avec eux. L'esprit communautaire est un élément clé de la vie néerlandaise, avec pour seul inconvénient une mentalité de petit village : chacun se mêle des affaires des autres et se permet de critiquer ses voisins, parce que leur jardin est mal entretenu ou parce que leurs enfants jouent de la batterie trop fort le vendredi soir.

Le *craic*

Les Irlandais adorent s'amuser ensemble, comme le résume le concept de *craic*. À une époque où des bars irlandais exportent le *craic* en Azerbaïdjan, au Chili, à Hongkong et en Thaïlande, entre autres, c'est presque un cliché. Mais le *craic* reste bien réel en Irlande: le mot évoque l'euphorie du moment où vous et une joyeuse compagnie vous amusez comme des fous. Pourtant ce n'est pas tout: le *craic* renvoie aussi aux bavardages, aux commérages. *What's the craic?* signifie «Quoi de neuf?». *Did you hear the craic about Mary?*, «Tu es au courant pour Mary?». Un philosophe de comptoir a défini le *craic* comme l'acronyme de cinq mots gaéliques: *ceol* («musique»), *rince* («danse»), *amhrain* («chansons»), *inis scealta* («histoires») et *cainte* («ragots»).

Le *craic* est la quintessence d'une certaine conception de l'Irlande. Si vous séjournez dans l'île d'Émeraude et que vous entendiez parler d'une soirée où le *craic* promet d'être fameux, n'hésitez pas: allez-y.

Sabai sabai

Les Thaïlandais aussi aiment profiter de la vie. Il faut se donner le temps de se détendre, pour bavarder, manger ou juste rester les bras ballants. Même les choses les plus dures, comme le travail, devraient être *sanuk*, amusantes. *Sabai sabai*, littéralement «bien bien», prend le sens plus profond de «calme», «tranquille», «confortable», «heureux», correspondant à cette attitude hédoniste, dont vous avez tout intérêt à profiter en tant que *farang* (étranger).

Yoyuu

Le mot *yoyuu* reflète ce que la culture japonaise a d'unique et de meilleur. Il désigne l'espace mental et affectif, la souplesse, l'aisance. Si vous vous arrivez à vous laisser aller ainsi, peut-être pour accompagner vos nouveaux amis japonais lors d'un pique-nique printanier sous les cerisiers en fleur, vous pourrez vous répéter *Ichi go ichi e*, expression qui signifie que chacun des instants que vous vivez est exceptionnel, unique. Jouissez-en pleinement. La vie est passagère, le temps s'envole ; être spontané est le meilleur moyen de profiter des choses.

Saudade

Ce mot portugais exprime un sentiment pour lequel aucune autre langue n'a d'équivalent. La traduction la plus simple serait « le regret de ce qui a été ou de ce qui aurait pu être », cette dernière possibilité distinguant la *saudade* de la nostalgie. C'est l'espoir que ce qui est passé pourrait revenir un jour, tout en sachant que c'est peu probable, voire impossible. On peut éprouver de la *saudade* pour un amour perdu, un pays lointain où l'on fut naguère heureux, un être cher qui est décédé, et même pour des sentiments, des humeurs ressentis dans sa jeunesse mais désormais envolés. Pour mieux comprendre la *saudade*, écoutez une chanteuse qui, les yeux mi-clos, interprète le *fado* dans un bar de Lisbonne ; vous comprendrez mieux aussi les Portugais et leurs cousins du Brésil. Cela ne veut pas dire qu'ils passent leur temps à sombrer dans la mélancolie ; on rencontre au Portugal un vif désir de *matar as saudades* («tuer les *saudades*»), et une chanson populaire brésilienne, la première *bossa nova*, s'intitule *Chega de saudade* («Fini la *saudade*»).

Hüzün

Ce mot turc peut se traduire par «mélancolie», mais son sens va bien au-delà. Les musulmans turcs ressentent le *hüzün* quand, comme le dit Orhan Pamuk dans son livre *Istanbul*, ils ont «trop investi dans les plaisirs de ce monde et les gains matériels». Si seulement ils étaient restés sur la voie spirituelle, ils seraient indifférents à des pertes de ce genre. Pour les soufis, le *hüzün* est une tristesse encore plus positive : l'angoisse spirituelle qu'on ressent parce qu'on n'est pas assez proche d'Allah, parce qu'on ne parvient pas à en faire assez pour Lui en ce bas monde.

Ubuntu

En Afrique méridionale, du Mozambique à la République sud-africaine en passant par le Zimbabwe, le Botswana et la Namibie, on sent que la vie n'a de sens que si elle est vécue pour et par les autres. C'est ce que résume le mot *ubuntu*, qui n'a pas d'équivalent direct en français et qu'on peut paraphraser ainsi : «je suis parce que nous sommes» ou «une personne devient humaine à travers les autres». Cette vieille tradition d'humanité inspire l'extraordinaire générosité dont a pu témoigner la Commission Vérité et Réconciliation.

Pardon

La Commission Vérité et Réconciliation a été créée en Afrique du Sud par le gouvernement d'unité nationale en 1995, afin d'enquêter sur les violations des droits de l'homme perpétrées sous l'apartheid. Bien que parfois très critiqués, les trois principaux comités ont permis des scènes extraordinaires : victimes face à leurs bourreaux, assassins amnistiés après avoir avoué leurs crimes (même si cette grâce fut refusée à la majorité d'entre eux). Entre avril 1996 et juin 1998, les audiences furent diffusées tous les dimanches à la télévision publique sud-africaine.

Utang na loob

Cette «dette d'obligation» est centrale dans la société philippine (du moins parmi les habitants des basses terres, qui parlent le tagalog). Elle renvoie à un système complexe d'obligations réciproques, qui vaut non seulement pour l'échange de cadeaux, mais aussi pour l'assistance sous les formes les plus variées. Sur votre lieu de travail, vous pouvez parler en faveur de quelqu'un pour qu'il obtienne un emploi, l'aider financièrement lorsqu'il est malade ou lorsqu'il déménage. Celui que vous aidez devient ainsi votre obligé et la famille secourue se sent tenue de vous rendre la pareille, parfois sur plusieurs générations.

Lagom

Chez les pragmatiques Suédois, le concept de *lagom* est essentiel : il faut en toutes choses éviter l'excès, les extrêmes. Préférez toujours le juste milieu. N'essayez pas de vous détacher de la masse, de vous faire remarquer. Tout et tous doivent être *lagom* : juste comme il faut, raisonnables, équilibrés. Il faut travailler et gagner «juste assez» pour vivre de manière confortable mais modeste. La Sécurité sociale suédoise suit ce principe : ceux qui gagnent beaucoup plus que la moyenne sont plus fortement imposés afin de payer pour ceux qui gagnent beaucoup moins. Comme disent les Suédois, *Lagom är bäst* : «Le mieux, c'est le *lagom*.»

Janteloven

Au Danemark voisin (malgré la vieille rivalité entre les deux pays), on rencontre le même égalitarisme. Les Danois parlent de *Janteloven*, «la loi de Jante», conçue par l'écrivain dano-norvégien Aksel Sandemose, qui, dans son roman *Un fugitif*, énumérait dix lois visant à maintenir les gens à leur place dans le village imaginaire de Jante. *Janteloven* signifie que l'ostentation est condamnable et qu'il faut rabattre leur caquet à ceux qui étalent leur réussite ou se croient supérieurs aux autres.

Sisu

Les Finnois, eux, attachent une grande importance au concept de *sisu*, qu'on peut traduire par «courage», «culot»,

« orgueil », etc. Il faut résister avec obstination et détermination pour garder son indépendance et parvenir à ses fins, surtout face à l'adversité. Les participants au concours annuel de sauna ont évidemment besoin de *sisu*, tout comme ceux du championnat annuel de portage de femme ou de guitare imaginaire. La Finlande a bien sûr fait preuve de *sisu* en résistant longtemps à la puissance des Russes.

Pouce

Lors du concours international de sauna, les participants doivent tenir bon malgré des températures toujours plus élevées. On commence avec de l'eau à cent dix degrés et on ajoute un demi-litre toutes les trente secondes. Pour prouver qu'ils sont encore en vie, les candidats doivent faire signe aux juges en levant le pouce ; le dernier à sortir du sauna a gagné. En 2002, le gagnant, Leo Pusa, fit preuve d'un sisu *exceptionnel en tenant douze minutes dans la fournaise.*

IBM

Malgré les différences entre les diverses zones du monde arabe, du Maghreb au Croissant fertile en passant par les États pétroliers du Golfe, mieux vaut généralement ne pas y presser le mouvement. Selon le fatalisme en vigueur, ce qui doit arriver arrivera, comme Dieu l'a décidé, et tout sera pour le mieux. C'est ce que résume l'acronyme IBM : *Inch'Allah* («à la volonté de Dieu», les choses n'arrivent que si Allah le veut), *Boukra* («demain», cela prendra le temps qu'il faudra), *Maalech* («ne vous en faites pas», quoi qu'on en pense, tout sera pour le mieux).

Dans la plupart des villes arabes, vous pourrez prolonger une conversation presque indéfiniment avec ces trois seuls mots, ponctués d'un hochement d'épaules judicieux.

She'll be right!

Bien qu'ils habitent un pays plein de dangers et de créatures menaçantes, ou peut-être à cause de cela, les Australiens ont une attitude tout aussi insouciante, résumée par la joyeuse devise *She'll be right!* («Tout ira bien pour elle!»). Vous les trouverez d'abord très optimistes, mais quand vous les verrez plonger dans une eau pleine de requins, de serpents de mer, de méduses tueuses et de poissons-pierres, en criant *She'll be right!*, vous comprendrez qu'il y a là aussi une bonne dose de fatalisme. En tant qu'étranger, vous n'êtes absolument pas tenu d'imiter ce comportement.

Ni modo

Dans tout le monde hispanophone et surtout au Mexique, l'expression *ni modo* prolonge ce fatalisme. Soit, peu importe, on n'y peut rien, on n'avait pas le choix, c'est le destin qui commande, les pauvres humains ne décident pas. *Ni modo* vous dispense de vous adresser des reproches ou d'accuser quelqu'un d'autre. La nature suit son cours, ce qui doit arriver arrive forcément. Si vous essayez de traverser le Mexique par les transports en commun, vous rencontrerez bien des occasions où *ni modo* vous sauvera la vie.

17

Da svidania, mon amour
Les adieux

Dire au revoir est souvent difficile, surtout aux gens que vous avez rencontrés à l'étranger, qu'il s'agisse d'autochtones ou de voyageurs comme vous. On échange des numéros de téléphone, des adresses électroniques, pour montrer combien on apprécie les moments passés ensemble. En votre for intérieur, vous savez tous qu'il y a peu de chances que ces coordonnées servent à quelque chose. Et que si jamais vous vous retrouvez, boire une bière un soir de pluie ne vaudra jamais le bon temps pris à siroter des *caipirinhas* sous les cocotiers…

Go well

Dans la plupart des cultures il existe plusieurs termes pour se quitter, que la séparation soit brève ou plus durable, de *hasta luego* («à plus tard») ou *hasta pronto* («à bientôt») à *adios*, qui, comme «adieu», dérive d'une formule signifiant «Que Dieu soit avec vous!».

De nombreuses langues expriment l'espoir que la suite du voyage se déroulera sans heurts. En Afrique du Sud, c'est ce que signifie l'harmonieux *sala sentle* de Tswana, le *sawubona* de Nguni et le *sala gashi* de Sotho, auquel fait écho le *Go well* des anglophones de ce pays. Plus au nord, dans la langue chinyanja de la Zambie et du Congo, *endani bwino* signifie à peu près la même chose, tout comme *safari najema* en kiswahili, au Kenya.

Bonjour / au revoir

En Israël, *shalom* signifie trois choses : « bonjour », « au revoir » et « paix ». À Hawaii, *aloha* signifie « bonjour », « au revoir » et « amour ». En Italie, *ciao* signifie « bonjour » ou « au revoir ». En Finlande, *hei* s'emploie en arrivant et en partant.

Ultime malentendu

On ne fait pas partout le même geste pour se dire au revoir. En Grèce, pour éviter toute confusion avec l'insultante *moutza* (voir p. 36), faites signe en tendant le bras, la paume vers le haut, puis agitez vos doigts d'avant en arrière, comme pour dire « Venez vers moi ». Ce geste est également très répandu en Italie.

Dans d'autres pays d'Europe et d'Amérique latine, le geste classique (paume à plat vers l'extérieur, de gauche à droite) ne signifie pas « au revoir » ; il signifie « non ». Dans ces contrées, pour se quitter, on tend le bras, la paume vers le bas, en agitant la main de haut en bas à partir du poignet.

Salut, tout le monde !

Dans des pays aussi différents que la France et l'Arabie Saoudite, il est important de dire au revoir à chacun des présents, de préférence en leur serrant la main. Le *group wave* (« signe adressé au groupe ») américain n'est pas la règle partout.

C'est le moment de se dire…

allemand	*Auf Wiedersehen, tschüß*
anglais	*good bye*
arabe	*ma'salama*
bengali (Bangladesh)	*shuva-bidhai*
chinois (mandarin)	*zai jian*
estonien	*head-aega*
finnois	*hei, näkemiin*
grec	*adio, geia*
italien	*ciao, arrivederci*
japonais	*sayonara, bye-bye*
letton	*sveiki, a'taa*
malais	*selamat tinggal*
néerlandais	*tot ziens*
norvégien	*farvel*
polonais	*do zobaczenia*
russe	*da svidania, poka*
swahili	*kwaheri, safari njema*
thaï	*lar-korn*
turc	*hoscakal*
yumpla tok (Australie)	*siyu*
zoulou	*ngeyavalilisa, sala kahle*

Kikokushijo

Le pire arrive maintenant, lorsque vous descendez à travers les nuages gris, que votre avion s'arrête sur la piste, que vous traversez des kilomètres de couloirs sinistres et que vous entendez de nouveau des accents affreusement familiers. C'est le choc culturel à l'envers. Les souvenirs sentimentaux de votre cher vieux pays sont brutalement remplacés par la réalité de sa grisaille. Vous vous êtes habitué à des lieux où les gens sourient en se rencontrant dans la rue, où les membres les plus séduisants du sexe opposé s'efforcent d'attirer votre attention, où des enfants qui n'ont rien rient de plaisir en s'amusant avec des jouets faits de vieilles boîtes de conserve, où les gens respectent leurs aînés et où une invitation au restaurant signifie que vous n'aurez rien à débourser. Sans même vous en rendre compte, vous êtes devenu ce que les Japonais appellent un *kikokushijo*, quelqu'un qui a vécu à l'étranger et qui a du mal à se réadapter quand il rentre chez lui.

Mais c'est une autre histoire…

Bibliographie

Les études interculturelles sont réellement nées dans les années 1960, avec les travaux de Geert Hofstede *(Culture's Consequences)* et d'Edward T. et Mildred Hall *(Guide du comportement dans les affaires internationales)*. Ces ouvrages fondateurs définissent des contextes clés comme ceux de culture «monochronique» ou «polychronique» (Hall), d'«évitement de l'incertitude» (Hofstede), etc. Quiconque cherche sérieusement à aborder ce sujet doit lire ces auteurs avant de passer aux écrits d'anthropologues et d'interculturalistes comme Fons Trompenaars, Robert T. Moran, William Gudykunst, André Laurent, Simcha Ronen et Oded Shenkar. D'autres experts les ont rejoints plus récemment, en ajoutant généralement leur propre tentative de systématisation des différences culturelles. Citons John Mole, auteur du *Business Guide européen: l'attitude adéquate avec vos partenaires européens*, et Richard D. Lewis, auteur de *When Cultures Collide*.

À un niveau plus pratique, il existe des guides spécialement conçus pour ceux qui partent en voyage d'affaires. Aux États-Unis, Roger E. Axtell fut l'un des premiers, avec *Business voyages : du savoir-vivre au savoir-faire* (1985), suivi par Terri Morrison, Wayne A. Conaway et George A. Borden, auteurs de *Kiss, Bow, or Shake Hands : How to Do Business in Sixty Countries*, et par la série de Dean Foster, *Global Etiquette*. Le livre de Gwyneth Olofsson *When in Rome, Rio or Riyadh* est peut-être le plus accessible, d'autant plus que le contenu n'en est pas fragmenté par pays. *A Survival Kit for Overseas Living* de Robert Kohls est aussi plein de conseils précieux.

Les guides *Culture Shock!* de Kuperard sont utiles si vous vous rendez dans un pays en particulier, tout comme les guides *Culture Smart!* qui leur ont succédé. Pour le Moyen-Orient, je recommande aussi *Understanding Arabs* de Margaret Nydell, ainsi que *Don't They Know It's Friday*, de Jeremy Williams. Avec *Désunion soviétique*, Hedrick Smith a donné une suite fascinante à son premier livre, *Les Russes*. Sur la Chine contemporaine, je conseille *What the Chinese Don't Eat* de Xinran, et, pour le Japon, *Atomic Sushi* de Simon May.

Index

Acland, Sir Antony, diplomate, 108
Afrique, *voir aussi* les entrées des pays
    cérémonie mauritanienne du thé, 92
    kiondo (sac-cadeau) kényan, 77-78
    machisme, 183-184
    poignée de main africaine, 22
    salutations, 18-19
    sanangouya (cousins blagueurs) du Mali, 54
    sangoma (guérisseurs traditionnels), 213-214
    surnoms, 53
    usage du fouet par les Hamars, 184-185
Afrique du Sud
    Commission Vérité et Réconciliation, 250
    concept d'*ubuntu*, 249
    façons de dire au revoir, 225
    lobola (paiement de mariage), 189
    poignée de main africaine, 22
Albanie, les gestes inversés du « oui » et du « non », 41

Allemagne
    boisson de fraternité, 52-53
    fêtes pour les trentenaires célibataires, 187-188
    « le travail, c'est le travail », 170
    polterabend (fête précédant le mariage), 193
    ponctualité, 95, 167
    serrer la main ou pas, 23
    stammtisch, table réservée aux habitués, 90
    toasts plein d'humour, 82-83
    tutoiement et vouvoiement, 52
Amérique, *voir* États-Unis
Amérique latine, *voir aussi* les entrées des pays
    geste de la paume, 38
machisme, 183
    manière de servir le vin, 88
    noms, 50-51
yerba mate, 93
animaux de compagnie, 145
Arabie saoudite
    femme au volant interdite, 128-129
    homosexualité, peine capitale, 147

kidnapping du marié, 204
Muttawa (police religieuse), 69, 182
rituel du gâteau de mariage, 201-202
thé selon les règles, 90-91
touche personnelle dans les affaires, 162

Argentine, *voir aussi* Amérique latine
claquement bruyant des lèvres au restaurant, peu judicieux, 57
mariages arrangés, 190-191
piropo, 41-42

Australie
clin d'œil aux femmes, déconseillé, 42
comportement des Waramunguns aux enterrements, 220
convenances en taxi, 129
intérêt pour le sport, 130-131
payer sa tournée, 89
sages limites de la taquinerie, 62-63
« tout ira bien pour elle ! », 253

Azerbaïdjan, comment porter un toast, 83

baguettes, usage des, 102-104
Bakchich, 144 ; *bakchich* et affaires, 177
Bolivie, vendredis de célibataires, 209
Botswana
coutume du *bogadi*, 189
salutations, 18

bouddhisme
fêtes, 234, 237
philosophie, 223-224

Bragance, Catherine de, 93
Brésil
De Barros, Adhemar, 143
figa, signe de bonne chance, 35
jeitinho (petite voie de contournement), 143
saudade, 248-249
Vargas, président Getūlio, 143

Bush, président George père, faux pas, 79-80
Bush, président George W., faux pas, 34

cadeaux, 72-80
calendrier copte, 134
calendriers, comparaison mondiale, 134
Cameroun, importance des salutations, 18-19
Canadiens, à ne pas confondre avec les Américains, 55
carte professionnelle, convenances, 158
chamans, 214
chaussures, 70-71
Cheke, Marcus, 141
Chine
banquets, 11-113
bise, 28
cadeaux opportuns, 72-78
chiffres porte-bonheur, malheur, 149-150
contact oculaire, 23
emprunt d'un nom chinois pour les affaires, 160
fête du Printemps, 230-231
guanxi, 163-164
mariages, 195-196, 201, 202-203

INDEX

médecine traditionnelle, 216
noms, 45-46, 54
plan de table des invités, 98
rendez-vous amoureux, 187
usage des baguettes, 102-104
christianisme
comportement dans les églises, 132-133
idée de l'au-delà, 221-222
jours saints, 228-229, 234, 240-241, 243
Clinton, président Bill, faux pas, 46
conduites au volant, 127-128
conversation, erreurs à éviter dans le monde entier, 57
Corée
goyangi soju (tonique de chat), 145
Kim Young Sam, président, 46
sauver la face au bar, 139
superstitions autour du mariage, 199
coudes sur la table, 102

Danemark, concept de *Janteloven*, 251
dates de l'agenda, différentes à travers le monde, 153-154
déjeuner d'affaires, 161
délices planétaires, 106-107
divorce, 210-211

Égypte
envahisseurs, 43
romantisme du portable, 187
e-mail, e-tiquette, 176
Espagne

concept de *ni modo*, 253-254
rendez-vous amoureux, 186
États-Unis
cadeaux aux employés du gouvernement, 74
douche de bébé, 205
fête de divorce, 210-211
gestes, les malentendus, 31-36
habitude du *doggy bag*, 115
mots, les malentendus, 63-64
par-dessus le balai, 200-201
rendez-vous amoureux, 185
Saint-Patrick, 232
Thanksgiving, 241-242
toasts afro-américains, 84

feng shui, 150
fêtes, 227-244
Finlande
comment se comporter au sauna, 131-132
concept de *sisu*, 251-252
concours international de sauna, 252
salutations, 19
fleurs appropriées, 74-75
France
au revoir, 257
bise en société, 27
gestes particuliers, 37
In French, please, 60
fumer, 122-123

gestes, 31-43
Ghana
« cérémonie du nom » chez les Akans, 206
enfants et contact oculaire, 24

grâces, avant les repas, 87-88 ; après les repas, 114
Grande-Bretagne
  chabatt dans les îles des Hébrides, 135
  discours de mariage embarrassants, 202
  enterrement de la vie de garçon, 192
  signe V, 32-34
Grèce
  au revoir, 256
  « aveugler le diable » ou comment saluer un bébé, 208
  geste de la *moutza*, 256
  « oui » et « non », 41
Guinée-Bissau, montrer avec la langue, 40

Hall, Edward T. et Mildred, 259
Hawaï
  aloha, salutation, 256
  haoli (étrangers), mot insultant, 28
  honi (baiser du nez), 28
hindouisme, *voir aussi* Inde
  coupe de cheveux des bébés, 207-208
  fête du Diwali, 240
  mariages, 196, 197, 198-199
  noms, 47
  samsara (réincarnation), 223
Hinglish, 58
Hofstede, Geert, 259
homosexualité, condamnations, 147

Inde, *voir aussi* hindouisme
  attitude à adopter face aux mendiants, 146
  ce qu'il faut faire des guirlandes, 29
  dates de mariage favorables, 197
  geste du *namaste*, 26
  médecine ayurvédique, 216
  mehndi, cérémonie du henné, 193
  mortes à cause de la dot, 189-190
  noms, 47
  poignée de main avec une personne de sexe opposé, 21
Indonésie
  rire quand on est gêné, 24
  RSVP et désinvolture, 96
Inoue, Daisuke, invention du karaoké, 119
Irak
  portraits de Saddam Hussein, 39
Iran
  fête du Norouz, 233
  geste du *bilakh*, 31
  se tenir par la main, 122
  taarof, rituel de politesse, 141-142
Irlande
  craic, 247
  erreurs à éviter dans la conversation, 57
  Halloween, 240-241
  Saint-Patrick, 232
islam
  calendrier, 134-135
  charia, 69, 147
  cinq piliers, 149
  enterrement, 218-219

fêtes, 239, 242
hadith (tradition sacrée), 145, 182
idée du paradis, 222
nourriture *halal* et *haram*, 110
Prophète Mahomet (PSAL), 56, 145, 149
Ramadan, 123, 135, 148, 149, 156-157, 238
Israël, *voir aussi* judaïsme
  chabbat, 135
  gestes locaux, 37-38
  sabra, personnalité à l'image du figuier de Barbarie, 61
  Zaka, 218
Italie
  geste du *cornuto*, 34
  la bella figura, 68

Japon, *voir aussi* shinto
  cadeaux, convenances, 75-76
  carte professionnelle, convenances, 158-159
  cérémonie du thé, 91-92
  chaussures, convenances, 70-71
  chiffres porte-bonheur, malheur, 149
  chocolats pour la Saint-Valentin, 232
  concept de *yoyuu*, 248
  difficulté à dire non, 140
  enterrements, 219-220
  entremetteur, 191
  importance du Nouvel An, 228
  karoshi (mort par excès de travail), 165
  kikokushijo (difficulté à se réadapter après un voyage à l'étranger), 257-258
  mariages, 195-196
  non-usage du prénom, 51
  piétons indisciplinés, 129
  révérence, 26
  Semaine d'or, 236
  signification du rire, 24
  système du *ringi seido*, 174-175
  tatemae (communication de surface) et *honne* (ce qu'on pense vraiment), 164
  usage des mouchoirs, 121
  utilisation des baguettes (*waribashi*), 102-104
journées de travail, 154-155
judaïsme, *voir aussi* Israël
  calendrier juif, 134
  circoncision, 206-207
  enterrements, 217, 221
  idée de l'au-delà, 222-223
  jours saints, 232-233, 236, 238-240, 242-243
  mariages orthodoxes arrangés, 192
  motzi (grâces), 98-99
  nourriture cachère, 108-109
  poignée de main problématique pour les juifs orthodoxes, 21

karaoké, 118-119
Koweit, utilisation du salut « Assalamu alaykum » pendant la première guerre en Irak, 20

laisser de la nourriture dans son assiette, 110
Li peng, Premier ministre, cadeau attentionné de, 79-80
Lunghi, Hugh, interprète, 101

Madagascar, « retourner les morts », 221
Malte, popularité des mariages en automne, 205
McDonald's, susceptibilités culturelles, 173
Mexique
　concept de *ni modo*, 253-254
　danses du dollar pendant le mariage, 203
　heure *a la gringa* ou *a la mexicana*, 169
　jour des Morts, 241
　médecine traditionnelle, 215
　toucher l'enfant, un devoir, 39
Mongolie, marcher sur les pieds des inconnus, 43
mosquées, comportement et tenue vestimentaire exigés, 70, 132-133
musulman, *voir* islam
Myanmar, marchandage et « *lucky money* », 125-126

Nouvelle-Zélande
　baiser du nez chez les Maori, 28
　erreurs à éviter dans la conversation, 57
　Maoris, histoire d'une création, 28-29

Oberg, Kalervo, 245
on partage tout, 116-117

Pamuk, Orhan, 249
pause prière, 155-156
Pays arabes, *voir aussi* les entrées des pays
　acronyme IBM, 252-253
　éducation des femmes, 97, 181-182
　mon épouse invite, 97
　noms musulmans, 48
　rituel du *uzooma*, 110
　salutations arabes, 24-25
　wasta, 163-164
Pays-Bas
　comportement aux anniversaires, 117-118
　concept de *gezelligheid*, 246
　éducation des enfants, 208
personnes âgées, attitude à adopter face aux, 146, 221
Philippines
　chemise *barong Tagalog*, 69
　concept de *utang na loob*, 115
　coutume du *pabaon*, 115
　éducation des enfants, 208-209
　financement du mariage, 204
　prendre soin des hôtesses, 114-115
　respect des mendiants, 148
　surnoms, 53
photographie, 130
plan de table, 97-98
poignée de main, 20-23
Pologne
　obiad (déjeuner), 96, 154
　Pâques, 234
Polynésie
　baiser du nez, 28
　coutume du *lei* (guirlande), 29
ponctualité, 95, 167
Portugal, *saudade*, 248-249
pourboires, 116

queue (faire la), 137-138

relations amoureuses, 184-188
République tchèque, effets du communisme sur le style, 71-72
réunion de travail, 167-176
roter (pendant et après les repas), 113-114
Russie
  croisons les doigts, 36
  journée des Femmes, 183-184
  jurer, 61-62
  kompromissa (compromissions) en affaires, 172-173
  machisme, 183-184
  noms, 49-50
  nyekulturny (ça ne se fait pas), 142
  vodka, une tradition, 87

Saint-Valentin, 231-232
Salvador, laisser de la nourriture dans son assiette au, 110
Sandemose, Aksel, 251
santeros (prêtres guérisseurs), 214
sauver, perdre la face, 46, 77, 113, 117-118, 139, 141
semaines de travail, 154
serveurs, appeler les, 115-116
se tenir par la main, 122
Shea, Michael, 108
shinto
  cérémonie de mariage, 195-196
  comportement dans les sanctuaires, 133
  religion, 224-225
shopping, 126-127
sikh
  fête de Vaisakhi, 235
  noms, 47

pas d'effusions aux funérailles, 220
silence à table, 111
Singapour
  mak andam (esthéticienne de mariage traditionnelle), 200
  singlish, 58
  travaux d'utilité publique, 123-124
souk, comment faire ses courses, 125-126
Sri Lanka, secouer la tête pour dire oui, 41
Staline, Joseph, embarrassé par les couverts autour de son assiette, 101
Suède
  concept de *lagom*, 251
  difficulté à dire non, 141
  éviter le bavardage, 186
  porter un toast, 81-82
Suisse, chaussettes blanches, 67
superstitions dans le monde, 151-152

temples, comment se comporter dans les, 29, 70, 132-133
Thaïlande
  concept de *sabai sabai*, 247
  dates de mariage fixées à la minute près, 196
  geste du *wai*, 26-27
  maï noï (« petite épouse »), 210
  Songkran, la fête de l'Eau, 156, 235
Thatcher, Margaret, 34
thé (bref historique), 93-94
toilettes, 124-125

Trafalgar, toast de la victoire le 21 octobre, 86-87
Transparency International, 178
trinquer, 81-87
Turquie
    concept de *hüzün*, 249
    mariée, tradition de la chaussure, 199
    rejeter la tête en arrière pour dire non, 41
    salutations, 19

unions du même sexe, 147

V, histoire du signe, 33-34
vêtements, 67-72, 157
Viêtnam, fête du Têt, 229-230

Walton, Sam, 177

xoxo, signe de familiarité dans les e-mails, 176

Yazidis, cérémonie de la première coupe des cheveux, 207

Zaka, les, 218

Table

Introduction 7
Note sur l'orthographe 13
Remerciements 15

1. *Ha na ?*
Salutations 17

2. Tu peux t'asseoir dessus !
Gestes 31

3. Monsieur Homme
Les noms 45

4. Ça jette un froid
Ce qu'il ne faut pas dire 55

5. Chaussettes blanches et chrysanthèmes
Vêtements et cadeaux 67
L'imparfait du présent 72

6. *Oogy wawa !*
Boire et trinquer 81

7. Concombre de mer et langue de renne
Le repas 95

8. Main dans la main au temple
En promenade 121

9. *Jeitinho* et *nyekulturny*
Coutumes et attitudes.. 137

10. Vivement mercredi !
Le voyage d'affaires 153

11. Sans *kompromissa*
La réunion de travail et ses suites.......................... 167

12. Roméo et… Juliette ? Giulietta ? Julia ?
Relations avec le sexe opposé................................. 181

13. La mariée était en…
Le grand jour et ses conséquences 195
Peu après ou parfois avant… 205

14. *Sangoma* et *samsara*
La maladie, la mort, l'au-delà................................ 213

15. Adieu, la viande
Jours de fête 227

16. Tuer les *saudades*
Quand le séjour s'avère trop long 245

17. *Da svidania*, mon amour
Les adieux 255

Bibliographie 259
Index... 261

RÉALISATION : PAO ÉDITIONS DU SEUIL
IMPRESSION : CORLET À CONDÉ SUR NOIREAU
DÉPÔT LÉGAL : MAI 2008. N° 97498 (112189)
IMPRIMÉ EN FRANCE